母と娘のコミュニケーションツール

本書の中で登場する、娘との療育で使った自作グッズや、親子で意思疎通を図るために手作りしたものを数種類ご紹介します。いずれも、わが家では効果が見られたものです。よろしければ、ご参考になさってください。

私は、子どもの療育は、子どもだけで乗り越えるものではないと思っています。親も一緒にとりくむことで、子どもの立場に立つことができますし、当事者の立場からものを見ると、子どもの苦手がよりわかります。そして何よりも、コミュケーションが一層とれるようになります。子どもの苦手がわかれば、ますます自分事として考えられるように思います。

①言語カード（第3章の 79 ページでも紹介しています）

娘が楽しく言葉を覚えられるように、手描きの絵カードを画用紙で作成。

絵カードを見せて、そのものの名前を答えさせたり、「タコはどれ？」などと尋ねて、たくさん並んだ絵カードの中から該当するカードを探し当てさせたりしながら、ものの名前の理解を促しました。

リングがついているものは、外出先で食事を待っている間に使ったり、寝る前に布団に入りながら使ったりしました。

バラバラのカードだと散らかってしまうので、外出時には、リングつきのカードを持ち歩いていました。

②準備カード（第6章の237ページでも紹介しています）

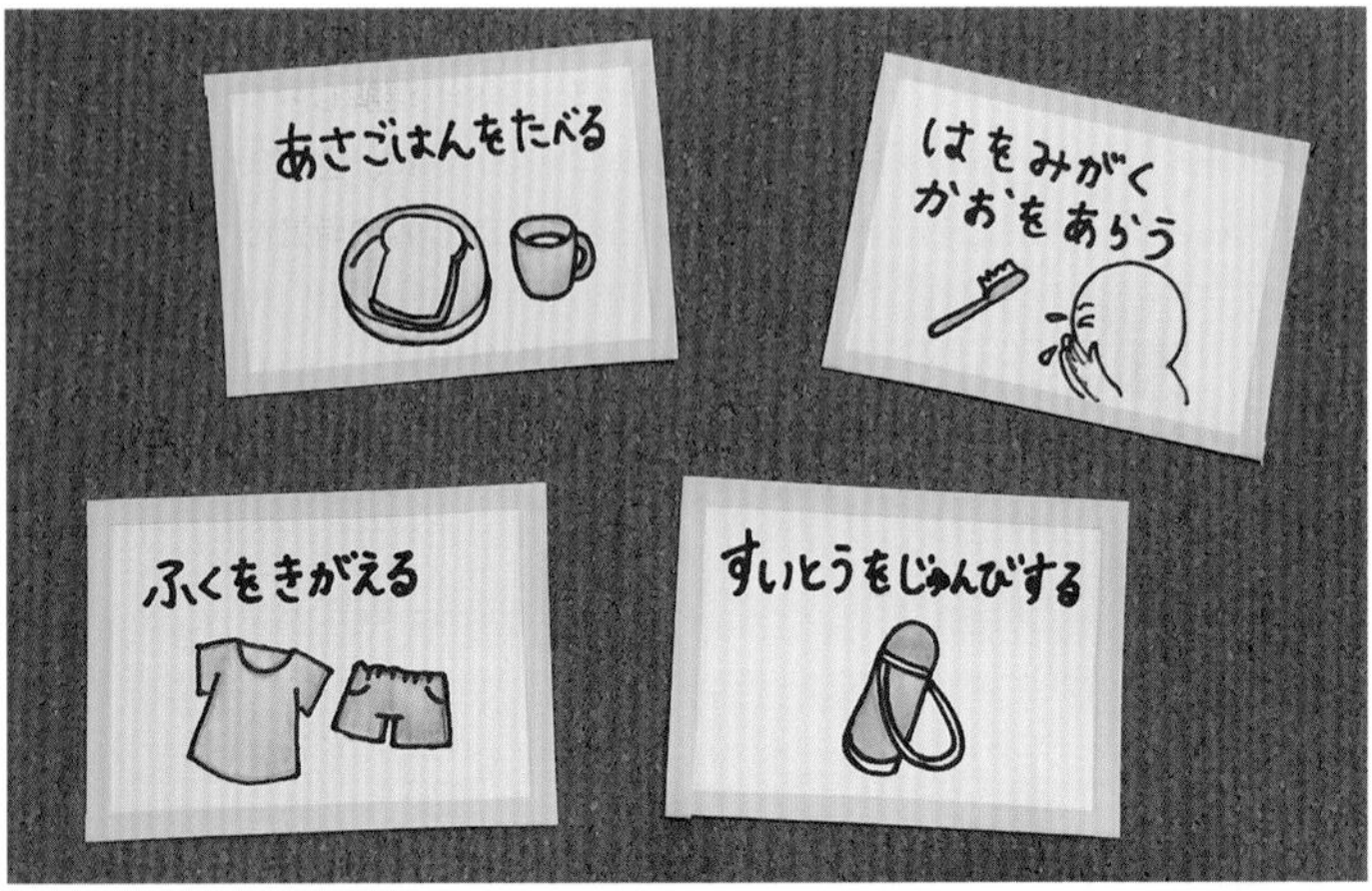

↑朝の準備カード

毎日やらなければならない主な行動を絵カードにして、娘にあらかじめ見せるようにしました。行動の流れを順番に並べて事前に見せておくと、イメージができて娘も行動に移しやすいように思えたからです。

行動の流れに合わせてカードを並べて、家の中の目につきやすい場所に貼っておき、子どもが行動を起こさなかったら声かけをして、カードに意識を向けさせるようにする方法もおすすめです。

↑夕方のやることカード

③時計

これを作ったのは、娘が一年生の時。ちょうどその頃、時計の読み方を勉強していて、デジタルでは時計の読み方を覚えられないと思ったので、こういう形にしました。

わが家の場合、家の時計がアナログだったので、アナログ時計のイラストにしたという経緯もあります。

視覚情報優先（ものを認識する際に、視覚を使うと理解しやすい）の娘にわかりやすいように、主要な色分けをして示し、これを本物の時計の下に貼って、見比べられるようにしました。

②の準備カードと合わせて示すと、娘には、さらにわかりやすいようでした。

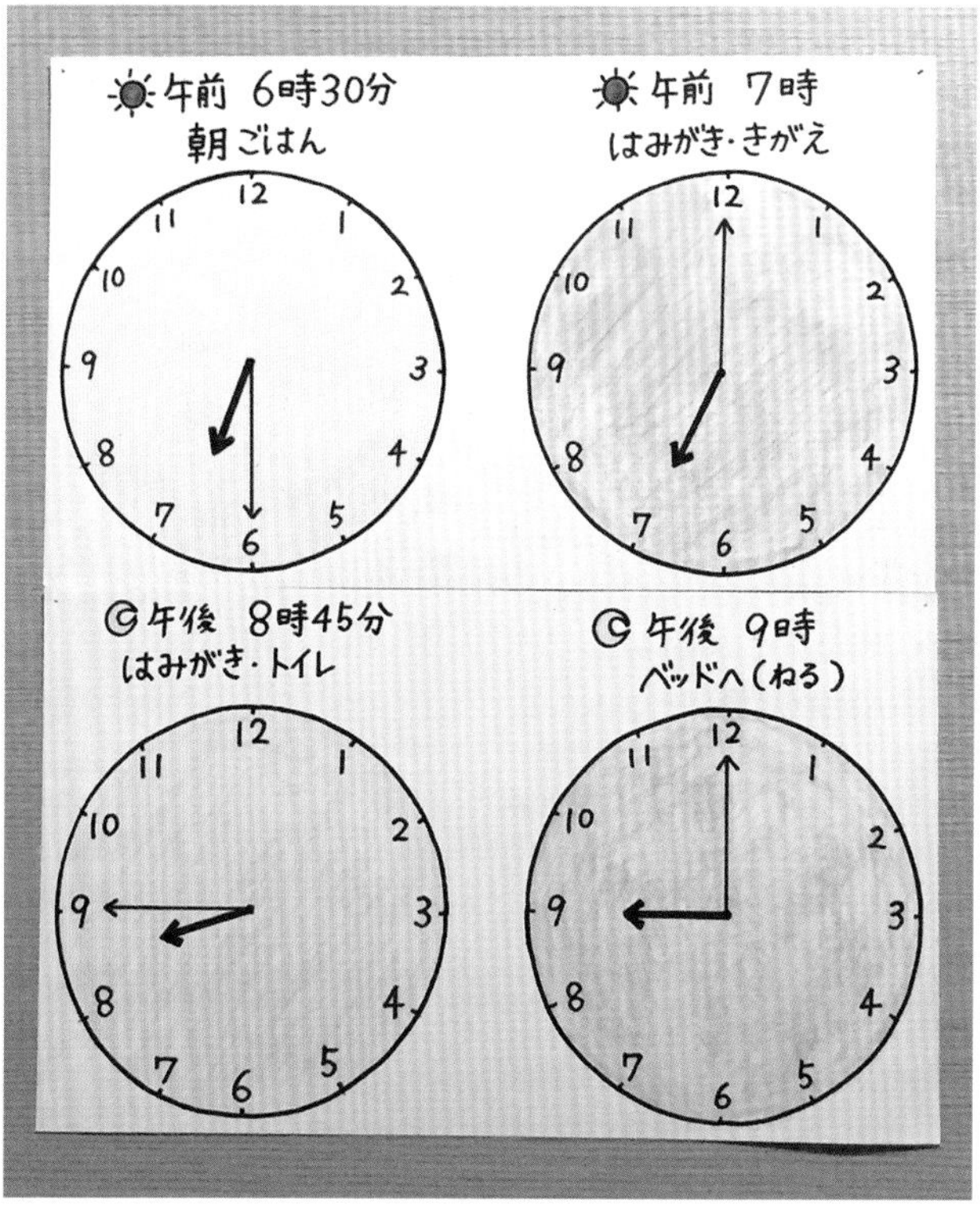

④一日のスケジュール （第6章の 232 ページでも紹介しています）

夏休みなどの長いお休みの時は、どうしても生活リズムが崩れやすいですよね。

そんな時は、一日の基本になるタイムスケジュールを書き出し、ひと目でわかるように示して伝えています。そうすると、娘も見通しが立てやすくなり、行動に移しやすいようです。

スケジュールの左端のピンクと赤の丸シールは、娘にしっかり見てほしい箇所です。「ほかのことは声かけするけれど、ここは自分で見てね」と言いながら印をつけました。

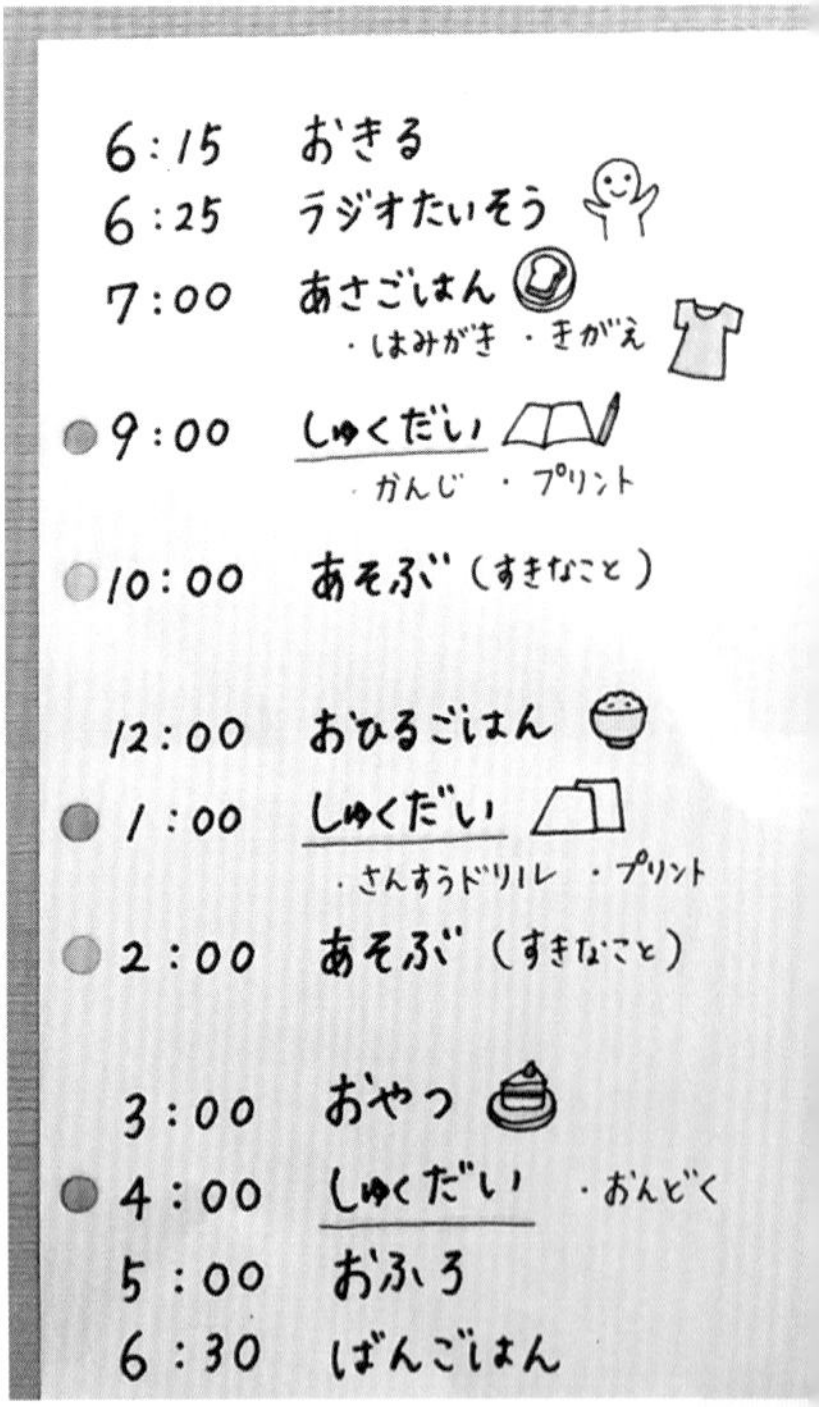
6:15 おきる
6:25 ラジオたいそう
7:00 あさごはん
・はみがき ・きがえ
9:00 しゅくだい
・かんじ ・プリント
10:00 あそぶ（すきなこと）
12:00 おひるごはん
1:00 しゅくだい
・さんすうドリル ・プリント
2:00 あそぶ（すきなこと）
3:00 おやつ
4:00 しゅくだい ・おんどく
5:00 おふろ
6:30 ばんごはん

⑤キャラ弁

（第3章の 92 ページでも紹介しています）

幼稚園時代、発語に遅れのある娘との会話を増やすきっかけになればと思い、娘が好きなキャラクターや、季節のシンボルなどをモチーフにしたお弁当を作り、幼稚園に持たせていました。

小学生になると給食が始まり、お弁当を作る機会は、ほとんどなくなりましたが、遠足の時などには、娘自ら「明日のお弁当は、私が決めていい？」と、キャラクターを指定してくれました。その時々で、娘が何に興味を持っているのかがわかるので、会話のきっかけ作りにもなりました。

手間がかかるので大変な時もありましたが、「キャラ弁作るよー」と言うと、毎回うれしそうにしてくれる娘の反応を楽しみに、なんとか作ることができました。

娘は何か混ざったような料理が嫌いなので、なるべく単品を入れるように配慮しています。

・すみっコぐらしの「ぺんぎん?」

目や手は焼きのり。味のりは、ベタベタして切りにくいので、焼きのりがおすすめ。

緑のデコふりでごはんを着色。

くちばしと足はスライスチーズを切りとって。

ソーセージやハムに切れ目を入れてお花ふうに。

ご飯をサランラップでくるんで、少しずつ量を調整しながら握ります。
アチッ
アチチッ

・ハロウィンバージョン

イベント前には、こういう〝季節ならでは〟のものを作りました。クリスマス前には、クリスマスツリーのキャラ弁、子ども日の前には、こいのぼりのキャラ弁など。

娘に食べたあとの感想を聞くと、だいたいは、「おいしかった」と一言なのですが、デイサービスの先生たちに聞くと、「うれしそうにみんなに見せていて、得意げですよー」と言っていました。それを実際に見られないのが残念です……。

キャラクターおにぎりは、パーツのバランスが大事。
私もよく失敗します…
パーツが大きい
失敗例
パーツが小さい
大きかった…
もうちょっと小さい方が…
ぴったり！
パーツは少しずつカットして調整しましょう。

うちの子、個性《こせい》の塊《かたまり》です

自閉症9歳女児を育てる母の、
育児の悩み解決のヒント

SAKURA

<監修>井上雅彦 鳥取大学大学院教授

すばる舎

はじめに
自己紹介と家族紹介

はじめまして。SAKURAと申します。沖縄県在住のアラフォー主婦で、現在九歳（小学四年生）の娘と、三歳の息子（年少）を持つ二児の母です。

娘のあーさんは、二歳半の時に、コミュニケーション能力に遅れがある〝発育遅れ〟と指摘され、その後、四歳の時に「自閉症スペクトラム障害（※）」と診断されました。

発達障害はあるけれど、おもしろくてかわいいあーさん♡

ブログ『うちの子、個性の塊です～マイペース娘の療育日記』（http://koseinokatamari.blog.jp/）では、自閉症スペクトラム障害のある娘・あーさんの成長や療育について過去の振り返りと現状を綴っています。

発達障害が気になる子どもの親向けポータルサイトＬＩＴＡＬＩＣＯ発達ナビ（https://h-navi.jp/）でも、娘の育児・療育について語ったコラムを連載中です。
これらの中から一部内容をかいつまんで、ご紹介したものが本書になります。

本書の登場人物を紹介します。

〈母・ＳＡＫＵＲＡ〉
この本の著者（一九八三年生まれ）。腰痛持ちの、へたれな主婦。
優柔不断で何事も決めるのが苦手。

※自閉症スペクトラム障害…すでに私のブログを読んでくださっている方は、あーさんは「広汎性発達障害」というイメージをお持ちかと思います。あーさんが当時受けた診断は「広汎性発達障害」だったのですが、現在は「自閉症スペクトラム障害」、あるいは「自閉スペクトラム症」と呼ばれることが一般的です。一般的に、自閉症のお子さんは男の子に多く、女の子は少ない傾向があると言われています。

〈父〉
一家の主（一九八三年生まれ）。わが家のムードメーカー。お笑い担当。わが家（療育以外）のすべての実権を持つ。基本ルーズだが、決めるところは決める男。

〈娘・あーさん〉
長女（二〇一一年生まれ）。自閉症スペクトラム障害。言語の発育に遅れあり。きれいすぎる心の持ち主。真面目で、フレンドリーな性格。常にマイワールドが炸裂している。

〈息子・きーさん〉
長男（二〇一六年生まれ）。見た目は、父にそっくりな甘えん坊。特技は、皆を引きつける笑顔。人が大好き。基本わがままだが、空気を読むのは得意。

今から本書でお話しする内容は、わが家ではこうしましたという現状です。

発達障害のある子を育てる親御さんのために少しでも参考になれば……という思いから書きました。

一般的ではないことも、いろいろと見受けられるかもしれません。

さまざまなご意見もあるかと思うのですが、よろしければ温かい目でご覧いただけたらうれしいです。


わが子の発達の遅れに不安を抱えられているお母さんの中には、周りから言われる、よかれと思ってのアドバイスや情報に流されて、自分の育児に自

信を持てなくなり、悩んだり焦ったりしてしまう人も多いと思います。

育児の悩みは絶えないと思うのですが、わが子の発育を気にかけられている読者の方々が、本書を通して、子どもをよく見て、子どもの特性を理解したうえで、「この子に合った適切な療育方法を、この子のペースに合わせて試してみよう！」と思っていただけたら、これほどうれしいことはありません。

それでは、あーさんと私たち家族の、おもしろおかしい日々を、どうぞお楽しみください！

目次

第1章　発達障害のある子の親になって思うこと

第2章 幼稚園時代。心配事は山積み…

第3章 言葉が遅い娘に試みた言語トレーニング

第4章 就学先は小学校の通常学級

第5章 悩みに悩んだ進級先

第6章 放課後等デイサービスの利用

第7章 家族の存在が心の支えに

第1章

発達障害のある子の親になって思うこと

娘は母親に執着がない手のかからない赤ちゃんだった

自己完結型の娘

私は、現在、自閉症スペクトラム障害のある九歳の娘と、三歳の健常の息子を育てる二児の母です。

娘は赤ちゃんの時から母親にべったりする子ではありませんでした。手がかからず、育児でよくある「ほかの人では泣きやまなかったのに、ママが抱っこしたら泣きやんだ！」「やっぱりママじゃないとダメ」ということがなかったのです。

それどころか、周りの人にもあまり興味がないようで、いつも一人で遊び、一人を好んでいた娘。ほかの人と遊んで、楽しさを共有しようとか、「みてみて～」と人と楽しさを共有する様子がなく、すべてが自己完結していました。

娘と一緒に遊びたくて、一人で遊んでいる時に私が入っていくと、途中で遊びをやめ、逃げてしまうこともよくありました。

一人の時間がとても楽しいのかな。そういう子なのかなと思い、私はそれ以上、気にしていませんでした。

静か・・・
小さい子がいる空間とは思えない・・・。
一歳四カ月
ママも一緒に絵本読もうかな～♡
あーさん、何読んでるの？
スッ
バサッ
え・・・そんなに嫌・・・？
声かけて、隣に座っただけなのに・・・
ぽつん・・・・

誰が抱っこしても泣かない……。私（母親）がいなくても探さない……。正直、手がかからなくてラクだと思っていたのですが、そもそもそこが問題だったのです。

え？　これって普通じゃないの？

それが問題であると初めてわかったのは、娘が二歳半の時。発達支援センターでのことでした。

教室に入るなり、私のそばから離れて遊び始めた娘。

その間、私は先生とお話ししていました。しばらくたっても戻ってこない娘を見た先生は、「お母さんの所に戻ってきませんね。いつもこうですか？」と私に聞きました。いつものことなので、正直に「はい、呼んでも来ないです」と答えると、「お母さん、気づいていないかもしれませんけど、これはけっこう問題ですよ」と先生から言われました。

「えっ、問題なの⁉」このことがそんなに重要な問題だと思っていなかった私は、衝撃を受けました。

続けて先生から、「この子はお母さんに執着がない……興味がないんです」と言われました。この時のショックは相当なものでした。「え……、お母さんに興味がない子どもなんて……いるの……？」

それはまるで、今までそばにいて過ごしてきた時間のすべてを否定されたような衝撃でした。

娘と遊ぶ時間を作ろう！

先生からは「まず一緒に遊ぶことが楽しいと、娘さんに思ってもらうことが大事です」と教えてもらいました。

そして、支援センターで行われている「みんなでお母さんと遊ぶ時間」という活動に、親子で体験参加させてもらうことになりました。

この活動は、お母さんと一緒に遊んでいるほかの子どもたちに混じって、娘と遊ぶというもの。

これを繰り返しながら「楽しい気持ち」を共有する時間を増やし、人とのかかわりを学んでいくそうです。

最初は娘も戸惑っていましたが、みんなと一緒なら私と遊べるようで、少しずつ娘は変わっていきました。

五歳になった頃には、「ママ！　みて！」「ママいっしょにあそぼう！」「ママ！　えほんよんで！」と言うように。名前を呼んでも来ない、いつも一人で遊ぶ、あの静かだった日々が嘘のようです。

時間はかかりましたが、発達支援センターでの活動は無駄ではなかったと感じています。

ママ見て～
この漫画、おもしろいよ！
現在九歳のあーさん
へぇ～
どんなところがおもしろいの？
とにかく笑えるの！
ずっと笑っちゃうの！

五歳の時に弟ができる

二人目を授かった！　本当にうれしい。でも…

結婚当初、私は「子どもは二人ほしい」と思っていました。

しかし、娘が二歳半で発育遅れを指摘されてからは、「しばらくは娘の療育に集中しよう」と決めました。

その後、娘が四歳の時に「自閉症スペクトラム障害」と診断されました。

娘に自閉症スペクトラム障害があるとわかってからは、私たち夫婦は二人目のことを考えず、娘の療育を最優先にしてきました。

療育を続けたおかげで、娘の問題は少しずつ落ち着いていきました。

そんな時、私の妊娠がわかりました。娘が五歳の時でした。

二人目の妊娠を知った時は、家族が増えることが本当にうれしくて浮かれました。

私たち夫婦は「もし次の子が障害を持って生まれても、娘の時のようにちゃんと育てよう。できることをしていこう！」と話し合いました。

それは「障害のことを嘆いても仕方ない」「娘は療育のかいあって、驚くほど成長してくれた」と実感できていたからです。


しかし、二人目の妊娠中はトラブル続きでした。具体的には、妊娠初期に出血を繰り返して、入院と自宅安静を繰り返す日々……。

妊娠後期に「赤ちゃんの頭が大きい」と言われて不安になったりもしました。

あんなに夫婦で何があっても育てると決意したはずなのに、何か症状が出るたび、医師の話を聞くたびに動揺し、ネガティブな考えになっていきました。

「悩んでも何も変わらない」と頭ではわかっているつもりでも、無意識のうちに「どうしよう……」と、結論の出ない考えを巡らせてしまいます。

段々と「この子にも障害があったら……」と不安に思うことが増えていきました。娘の療育の時間をちゃんととれるだろうか、という不安もありました。

次第に不安がつのっていく私に反し、夫は不安ではなかったと言います。二人目ができることによって、逆に環境が変化し、その刺激で、さらに娘が成長できるのではないかと期待をしていたと、あとから聞きました。

待望の妊娠！
お姉ちゃんになるね～
？
来てくれてありがとう♡ たとえ障害があったとしてもちゃんと育てるからね。待ってるよ～♡
しかし、二人目妊娠中は、トラブルばかり。入院と自宅安静を繰り返す。
出血→自宅安静
出血→入院
あなたは安定期がないと思って
え・・・？
あとね、赤ちゃんの頭が基準より大きいのが気になるなぁ・・・
ええ!?
この子・・・何かあるのかな・・・
どうしよう・・・
う・・・
う・・・
情緒がだいぶ不安定だな・・・

娘と赤ちゃんを楽しみに待つうちに変化が

しかし、その心配や不安をすごいパワーで吹き消してくれのは、家族の存在でした。不安になった時、娘を見て、私は自分に問いかけました。

「この子が自閉症スペクトラム障害でダメだった……？」

答えはＮＯです。

私は、娘がわが子で、本当によかったと思っています。とてもかわいくて、優しくて、おもしろくて……。成長した娘の姿は、私の心を映す鏡でした。

私の大きなおなかに抱きついて「赤ちゃん〜、お姉ちゃんだよ〜♡　聞こえる〜？」と語りかけるなど、娘はおなかに赤ちゃんがいることを純粋に喜んでくれていました。

娘とその楽しみを共有するうちに、「いやぁ〜♡　もう何とかなるでしょ！」と、まだ起きてもいないことで心配するなんて……と不安は軽減していきました。

娘も「私がミルクをあげる！」「お姉ちゃんになる！」と、頼もしく宣言！

おなかにいる状態で、早くも、娘をお姉ちゃんにしてくれた赤ちゃん。

きっと生まれてからも、娘の成長にいい影響を与えてくれるはず！　と私は希望を見つけたのでした。

発達障害のある子どもを育てる親の胸のうち

もちろん娘を育てるうえで大変なこともたくさんありましたが、それ以上に娘に教えられたことが多くありました。娘はきっと、私たち夫婦を選んで、ここに来てくれたと私は思っています。

だから、きっとおなかの子も、私たちを選んでくれた。何があっても、愛おしいわが子には変わりない。不安はなかなか消えるものじゃないけれど、「生まれた子を愛する」という結論は変わらない。そう思って、妊娠中、過ごしてきました。

息子が生まれてからも、不安を感じることが時々ありました。

そんな時は、自分に問いかけました。「もし障害があったら……どうするの？」と。

障害があったとしても、育てる。愛する。

妊娠中も今も、その思いは変わりません。だから不安に思う必要はない！

この先何があるかは誰にもわかりませんが、私たち夫婦を選んでくれた二人を、大切に育てていこうと思っています。

二人とも、生まれてきてくれてありがとう！

ほかの子と比べて落ち込む日々

どうしても気になる、ほかの子の様子

娘に発育の遅れがあると指摘されたのは、二歳五カ月の頃。

それから二年間ほど、診断のつかないグレーゾーンのまま療育生活を続け、娘が四歳の時、「自閉症スペクトラム障害（当時は、広汎性発達障害）」と診断を受けました。

娘は現在九歳（小学四年生）。気がつけば、療育を始めて七年目に突入しました。

小さな頃から、おしゃべりが苦手で、人にも物事にも興味を示さなかった娘は、四歳前まで質問に答えることができなかったり、ちゃんとした会話のキャッチボールが

できない状態でした。
しかし、少しずつ少しずつ成長してくれて、現在、日常会話はしっかりとできるようになっています。

初めて「この子は発育が遅れている」と言われた時、本当にショックでした。「まさか自分の子が？　なんで？」と暗い気持ちになったことを覚えています。

当時の私は、よく娘のことで落ち込むことがありました。私の場合、それは、娘とほかの子を比べてしまう時でした。

「あの子はできるのに、なんでうちの

二歳半
「発育遅れ」の指摘。
とにかく「無」‼
……。
四歳
「自閉症スペクトラム障害」の診断。
マイワールド強め
たらったら〜
九歳、現在。
しっかり者だけど、どこか抜けてる。
はい！

子はできないんだ」

私の中に、ほかの子と同じようにできてほしい、できないことが恥ずかしいという思いが無意識に出てくるのです。

しかし、何度か同じことで落ち込む中で、私の考えは変わっていきました。

私が落ち込んでも、娘がよくなるわけじゃない。

娘のできないことばかり見つけて、比べて……。娘に対して失礼じゃないか！

友達と遊んでいて・・・（あーさん、二歳）
ママだっこ〜！
あーさんと同じ歳の子
ハイハイ
ええ!?
ほかの子は言えるんだ・・・「ママ、だっこ」って二語文・・・
いいなー・・・私も「ママだっこ」って言われたい
買い物先で・・・
ええ〜!! あの子、あーさんより小さいのに
「ジュース」とか言うの!?
じゅーちゅ
ハイハイ ジュースね〜 買うよ〜
帰り道・・・へこむ。
とぼとぼとぼとぼ・・・
……。

娘のプラスになることは一つもない……ということに気がついたのです。

これから先のために、今できることは療育

今、私がほかの子と娘を比べることは、娘にとっても私にとっても負担にしかなりません。大事なのは、今ではなく、これから先のこと。

私と夫の、娘を育てていくうえでの目標は、「娘が大人になって社会へ出た時、自分でお金を稼ぎ、自分で生活できるようになること」です。

私たちは、ずっとそばにいて助けてあげることはできません。いつかは一人で考え、一人で行動しなければならない時が娘にもやってきます。その時が来るまで……。そして、その時が来ても娘が困らないために、私たちが娘にしてあげられることが、療育なのです。

今はまだ、その目標を叶えるまでの過程の段階でしかない。そう気づきました。

そして、その過程で、ほかの子と比べたり、競ったりしても仕方がないということがわかりました。

このことを自分の中で完全に消化できた時、私は娘の発育状態のことで、落ち込むことが少なくなりました。

考え方を変えたら見えてきた「できること」

それから不思議と、娘ができないことよりも、できることが、私の目に留まるようになりました。

「人のこと悪く言わないし、優しいし、すごいな〜！」

「あぁ……こんなことができるんだ！」

「おもしろい発想するな。いいところばっかりだな……」

と思いながら、私は、心から娘の個性を認めることができるようになったと感じました。

みんな得意があって苦手がある。娘の得意なことは伸ばしてあげればいいし、苦手なことはサポートしていけばいいのです。

そう考えながら接することで、私は今、前を向いていられるのかもしれません。

娘の個性をもっと楽しもう

マイワールド全開な娘に疲れてしまうことも…

自閉症スペクトラム障害のある娘は、人の目を気にせず、とことんマイペースなので、いきなりマイワールドが発動したり、神経質にこだわったりなど、周りから浮いてしまう行動をとることも多いです。

そのため、これが自分の娘なんだ、娘はこういう子なんだと頭ではわかってはいても、周りからの冷ややかな目を感じ、疲れてしまうことがあります。

そんな娘が五歳の時、たまたま発達外来の定期検診がありました。

娘の主治医は、いつも的確なアドバイスを私たちにくれる先生でした。

その日の検診後、先生は私を呼びとめ、こんな話をしてくれました。

「親はみんな個性個性って言うけど、実際、〝個性〟でわが子がほかの子と違うことをした時は、ほかの子に合わせようとする。みんなと同じことをさせようとする。

でも、みんな生まれ持ったそれぞれの個性があるんです。発達障害のある子は、その個性がたくさんあるから目立つ。だから娘さんは『個性の塊』なんですよ」

この言葉に私は、ハッとしました。

娘は個性の塊

娘が人と違う行動をとった時、私は心の中で少しだけ「恥ずかしい」という思いがありました。そして、「どうして、みんなと同じようにできないかな〜」と、いつの間にか考えてしまっていたように思います。

しかし、先生の話を聞いて、「娘を自分の中の型に入れようとしてはいけない！」と思い直しました。

これが娘の個性……。

これが娘なんだ。

そう考えると、もっと娘の個性を楽しもうと思えてきました。

この言葉にとても救われた私は、娘のちょっと変わった行動も、楽しい気持ちで受け入れられるようになったのです。


次章からは、娘を育てながら経験してきた困りごとや、行ってきた療育や支援の方法についてご紹介します。

◉監修者コラム

発達障害とは

発達障害の三つのタイプ

ご存知の方も多いと思いますが、そもそも「発達障害」とは、どういったもののことを言うのでしょうか？　ここで改めて解説したいと思います。

発達障害とは、生まれつき脳に何らかの機能障害があることで、発達に偏りが見られる障害です。

得意・不得意と、その人が過ごす環境や周囲の人とのかかわりのミスマッチから、社会生活に困難な状況が発生します。その症状や困りごとは十人十色です。外見からはわかりにくいため、周囲から「自分勝手」「わがまま」「困った子」などと捉えられることも少なくありません。

しかし、発達の偏りによる困難さは、環境を調整し、特性に合った学びの機会を用意することで、軽減されると言われています。

お子さんと周囲の人が、その子の個性・能力・希望などを理解したうえで、その子に合ったサポートをしていくことが大切です。

発達障害は一人ひとり症状や特性が異なり、さまざまな特性を併せ持っている人もいます。

大きく分けると、次の三つのタイプに分類されます。

自閉症スペクトラム障害（ASD）

自閉症スペクトラム障害（ASD）は、生まれつきある先天的な発達障害の一つで、特徴として、次の二つがあると言われています。
①社会的コミュニケーションの障害
②限定された興味
自閉症スペクトラム障害のある子は、対人関係が困難だったり、特定のものに強いこだわりを持っていたり、パターン化された行動を好んだりする特徴があります。

幼児期は主に、人と視線を合わせようとせず、周りの子どもに興味を持たなかったり、言葉のキャッチボールが苦手だったり、ものごとの手順が変わると混乱したりする場合があります。

会話の裏側や行間を読むことが苦手で、アイコンタクトの意味や人の表情を読みとることができず、空気を読まないストレートな表現をしてしまうことがあります。

光や音、味や匂い、触り心地などに敏感な感覚過敏や、反対に、痛みや五感への刺激に対する反応が鈍い感覚鈍麻のある人も多いです。


先天的な障害で、しつけや愛情不足などは直接の原因ではありません。

学童期になると、集団になじめなかったり、ルールがあいまいな場面で臨機応変に対応できなかったり、自分の気持ちをうまく言葉にできなかったりもします。

また、特定の科目だけズバ抜けて得意で、いくつかの科目は点数が低いなど、極端なケースが目立つことがあります。

「自閉症スペクトラム障害」は、もともと「広汎性発達障害」というカテゴリーのもと「自閉症」という診断が位置づけられていました。

しかし、二〇一三年に刊行されたアメリカ精神医学会の精神疾患の診断・統計マニュアル「DSM-5」では、「自閉スペクトラム症／自閉症スペクトラム障害」という障害名に統合されました。

この障害名には、それまで「自閉性障害」「アスペルガー症候群」などと呼ばれていたいくつかの障害がすべて含まれます。つまりDSM-5では、これらは別々のものではなくスペクトラム（連続した）障害であるという見方を新たに採用しています。

注意欠如・多動性障害（ADHD）

不注意（集中力がない）、多動性（じっとしていられない）、衝動性（思いつくと行動してしまう）といった症状が見られる障害です。

ただし、それぞれの症状がどのようにあらわれるか、その強弱は人によって異なります。たとえば「不注意」の特徴が強いタイプは、授業に集中しづらかったり、忘れものが多かったりします。ほかのことが気になるとすぐに注意がそれてしまう反面、自分が好きなことには熱中し、話しかけられても気づかないことがあります。

「多動性・衝動性」が強くあらわれるタイプは、常に動いていないと落ち着かず、感情や欲求のコントロールが苦手な傾向があります。

「不注意」と「多動性・衝動性」が、混合してあらわれることもあります。

限局性学習障害（LD）

全般的な知能の発達には遅れがないものの、読み書きや話す能力、計算能力などに困難が生じる障害です。識字障害、書字障害、算数障害など人によって症状のあらわれ方は異なります。

本格的な学習に入る小学生頃までは、判断がしづらく気づかれにくいことが多いでしょう。目安として、平均よりも学習到達度が一～二学年ほど遅れるのが一般的です。

これらの障害は重なり合うことが多く、そのあらわれ方の強弱も一定ではありません。ASDとADHDには知的障害を併存している人もいます。発達時期により診断が異なる場合もあります。

「障害」という言葉について

「障がい」や「障碍」と記述されることもありますが、本書では一般的に使われている「障害」という用語を用いています。

ＷＨＯの国際生活機能分類によると、障害は個人の持つ特性と社会的な環境の相互作用によって生じる持続性のある困難状態を指しています。

たとえば、自閉症のある子どもが示す対人的な問題やこだわりも、マイペースに好きな活動ができる環境では問題にはなりませんが、学校のような他者のペースに合わせて活動しなければならない環境では、さまざまな問題が生じてきます。

園や学校で指摘される問題行動が、家庭では目立たないことがあるのも、こういった環境要因の影響なのです。

教育環境においても、子どものペースや認知的な特性に合わせて課題を設定していくと、集団の一斉指導では学習しにくい子も学びやすくなったりします。

最近では、小・中・高だけでなく大学でも、発達障害のある学生に対して、講義や学生生活において、レポートの出し方や資料の提供などの面で、合理的配慮を行うことが義務化、もしくは推奨されてきています。職場の中でも、こういった動きが拡大してきています。

このような合理的配慮は、本人の特性が原因で社会参加の機会を失うことのないよう、社会の側に課された努力目標であると言えます。

ＤＳＭ-５の訳語で、一部を「〜症」としているのも、こうした個人の特性と障害を分ける意図が含まれています。

私個人としてはＡＳＤ、ＡＤＨＤ、ＬＤなどの英語の略語を使うことが、言葉の持つさまざまな先入観を排して、その人の特性をとらえやすいと思っています。

第2章

幼稚園時代。心配事は山積み…

ほとんど言葉が話せない状態で幼稚園に入園

娘は幼稚園が大好き。でも親としては不安…

二〇一四年三月、娘が三歳の誕生日の月に、私たち家族は、夫の地元である沖縄に引越しました。そして、引越した翌月の四月、三歳一カ月で娘は幼稚園に入園しました。家から近くて、園庭が広いところが幼稚園を選んだ決め手でした。

三歳になったばかりで、ほとんど言葉が話せない状態の娘を幼稚園に通わせることに、私は不安いっぱいでした。

しかし母の不安なんておかまいなしに、娘はすぐ幼稚園を大好きになりました。お友だちの話を娘から直接聞くことはできませんでしたが、帰る時にお友だちが娘の周りに寄ってくる光景や、先生から娘の園での様子を聞き、うまくやっていることがわかり安心しました。

さらに、喧嘩して来たり、予定外に自分のペースを乱されたりしている様子も知り、これまで娘が経験してこなかったことが、いい刺激を与えてくれるのではないかと感じていました。

とは言え、心配な部分もありました。

言葉の遅れについては第3章で紹介しますが、言葉以外にも、娘の成長で不安に感じることが多々ありました。

幼稚園お迎え時。
よしよし
かわいい〜♡
はい！
あーさんのカバン！

超！　偏食な娘

三歳になって激しい偏食が始まった

まだ離乳食を食べていた頃の娘は、とっても少食でした。全然食べてくれず、せっかく作ったものを、そのまま捨てることも多々ありました。

そんなことを繰り返すうち、最初は凝っていた離乳食も「どうせ食べないし……」とあきらめながら作るようになり、レトルトに頼ったり、シンプルなものが多くなっていきました。

三歳になり幼稚園に入園した娘。以前よりたくさん食べるようにはなったのですが、とにかく偏食が激しくなりました。

炊き込みごはんやチャーハン、チキンライスなどを嫌がり、白いごはんにふりかけをかけたものや、のりを巻いたおにぎりしか受けつけてくれません。

せっかく作ったのに「いやー！」と突っぱねられることもしばしばでした。

そしておかずも、複数の食材が混ざった野菜炒めや、肉じゃがなどの煮物を嫌がりました。

盛りつけを工夫してみると…
作戦成功！

ですが、よくよく娘の食事を観察し

野菜炒めを作って…
※味つけなし
ほっ
ほっ
お皿に盛る時は、
具材別に。

てみると、ある傾向が見えてきたのです。

娘は、いろいろな食材が混ざったおかずは食べませんでしたが、単体の野菜や肉、果物であれば嫌がらずに食べているようでした。

「それならば！」と、いつも通り、炒めたり、煮たり……と調理したあと、それぞれの具材を別々に盛ってみました。すると、娘は食べてくれたのです！

どうやら味が混ざったり、見た目がごちゃごちゃしている料理が嫌だったようでした。

生野菜も嫌がらず食べてくれるのですが、いろいろな食材が混ざったサラダになると、突然嫌がって食べなくなります。

しかし、トマト、レタス、ブロッコリーなどを別々に盛りつけると、ペロリと完食。

娘は料理の好き嫌いを、味よりも〝見た目〟で判断していることがわかりました。

給食は大丈夫？

これが娘の「こだわり」だとわかり、家での食事は何とかなるようになりました。

しかし幼稚園の給食などは、そこまでしてあげることができません。

「給食は食べられているだろうか……」と心配していた私でしたが、先生から話を聞くと、最初は給食を嫌がっていた娘も、段々と食材だけを選んで先に食べる、という技を身につけていたようでした。

年長さんになる頃には、給食に出る、いろいろなものが混ざったおかずや、炊き込みごはんなども頑張って食べられるようになりました。

しかし、幼稚園で頑張っている反動か、家ではやはり「食材別盛り」でなければ食べられず、ごはんも白ごはんしか口にしてくれませんでした。

私は、胃に入ると一緒だし、別々に盛る手間が増えるだけ！　家以外で頑張ってくれればいい！　と、楽観的に見守ることにしました。

現在、九歳（小学四年生）の娘は、味が混ざっていても、見た目がゴチャゴチャした料理も、給食は完食できています。

しかし家では、まだ苦手な顔をします。

甘いかな？　と思いながらも、学校で頑張っているのだから家ぐらい……と、ごはんだけは娘が望む白ごはんを出しています。

スケジュール変更でパニック！気持ちの落ち着かせ方

言葉が理解できない娘に、予定を伝える時は

娘は、先を見通すのがとても苦手で、二歳半の頃は、突然予定が変更になると、自分が今からどこに行くのかがわからなくなり、不安でパニックになっていました。

この頃の娘は言葉も十分に理解できなかったので、私は次に行く場所の絵や、関係したものを娘に見せて、これからどこに行くのかを伝えていました。

しかし、突然の予定変更で、行く場所が変わってしまうと、娘は大パニックに……。いくら説明しても娘には理解できませんでした。

娘の行きたいところを後回しにしようとすると、娘はそこに連れて行ってもらえなくなると勘違いして癇癪《かんしゃく》を起こしてしまうのです。

娘とのやりとりに、私はとても苦労していました。

数字を理解し始めた娘を見て私はひらめいた！

娘が三歳になり数字を理解し始めた頃、私は、これからやることの「順番」を数字を使って教えることにしました。

娘は「順番」が気に入ったようで、幼稚園に迎えに行くと、毎日毎日、今日このあとすることの「順番」を聞くようになりました。

そして、私が言った順番をきっちりと守って行動するようになりました。

順番を聞くことで、先の行動をきちんと理解することができ、先を見通せる安心感につながっていたようです。

一つひとつ順番通りにこなしていく娘は、とても満足そうでした。

この順番を伝える方法は娘に合っていたようで、以前困っていた突然の予定変更にも、とても役立ちました。順番を伝えることで、娘がやりたかったその項目が「なくなった」わけではなく、「順番があとになった」だけだと娘にわかるのです。

最初は、私が順番を突然変えたりすると娘は怒っていましたが、少しずつ変更を受け入れてくれるようになりました。

三歳から四歳半過ぎぐらいまでの約一年半の間、娘は順番を毎日聞いてきました。「いつまで続くんだろう……」と私はちょっと心配していましたが、五歳になる頃には、順番をまったく聞かなくなりました。娘は私の説明だけで先の見通しを立てられるようになったのです。

そして、突然の予定変更にも癇癪を起こすことなく、説明するだけで理解してくれるようになりました。

時間はかかりましたが、娘に合った方法で、娘のペースでゆっくり成長できてよかったなと思います。

反抗の裏にある娘の気持ち

一度火がつくと話を聞かなくなって…

四歳になった娘。自己主張もこだわりも、だんだん強くなり、一度泣き出すと、なかなか私の話を聞いてくれなくなってきました。

反抗すること自体に成長を感じるものの、全然言うことを聞いてくれなくて、さすがにイライラ……。泣き続ける娘にイライラ……イライラ……。

泣く娘に対して、感情的になっても逆効果。

火に油を注ぐとわかっていながら、ついつい怒鳴ってしまいます。

あのおとなしかった二、三歳の頃の娘を考えると、反抗するのは成長の証……。頭ではわかっていても、日常の揉め事にうんざりして疲れて果ててしまいました。

ちょうどそんな時期、半年に一回の発達外来の定期検診がありました。

「最近どうですか？」と主治医から聞かれた私は、娘の現状を話しました。

主治医がくれたアドバイスに衝撃！

娘との関係について相談すると、主治医はこう言いました。

「まずは気持ちを同調してから、話を進めてみてはどうですか？

娘さんは自分の気持ちを言葉にして表現することが苦手だから泣くんです。

泣いている理由や嫌な理由を、お母さんがまず代弁してあげてください。それから気持ちの同調をしてあげてください。お母さんが自分の気持ちをわかってくれていると思えたら、娘さんも落ち着くと思いますよ。

この信頼関係の土台を作ると、だんだん話をしやすくなっていくはずです」

そう言われて思い返してみると、私は娘の気持ちの代弁も、同調もまったくしていなかったことに気づきました。

娘は泣いて訴えていました。訴えていたのに、その話を聞かずに私は怒っていたのです。

誰だって、自分の気持ちをわかってくれない人の話は聞きたくないはず……。

私はその助言に衝撃を受けました。

「気持ちの代弁」「気持ちの同調」をやってみると…

その日から私は、話をする前に「気持ちの代弁」と「気持ちの同調」をやってみることにしました。

娘が泣き出したり、怒り出したりした時は、「そっか～、○○だったんだ～。○○したかったんだ～」と気持ちを代弁し、それに対して、「わかるよ～。ママもそうだよ～」と気持ちを同調します。

その後、落ち着いてきたら「でもさ、○○したほうがいいと思うんだよね～。どうかな～?」と言います。以前なら最初に言っていたこちら側の要求を、「気持ちの代弁」と「気持ちの同調」のあとに話すようにしたのです。

これを何度も繰り返しているうちに、娘は私の話を最初から聞いてくれるようになりました。

この「気持ちの代弁」「気持ちの同調」は、トラブルが起きた時だけでなく、いつでもどこでもできるコミュニケーション方法でした。

他人から見れば、少し大げさ？　と思われるくらいのコミュニケーションを繰り返していき、娘と「うれしい！」「楽しい！」という気持ちを共有することで、私と娘のつながりは次第に強くなっていきました。

娘は泣いている時や怒っている時でも、私の話を落ち着いて聞けるようになり、私たち二人の間に信頼関係が生まれたことがはっきりとわかりました。

娘が話を聞けるようになった今でも、この「気持ちの代弁」「気持ちの同調」のコミュニケーション方法は続けています。

こだわりには「そこそこ」つきあう

娘のこだわり、尊重はするけれど…

娘は、言語・コミュニケーション能力が低く、とてもこだわりが強いタイプ。こだわりと言っても、イヤイヤ期とは違って、自分の中にルールがあり、その通りにしないと気が済まないという感じでした。

たとえば、おもちゃを置く場所や、ぬりえの塗り方、洋服の選び方、物事の順番など、些細なことでも娘にとっては重要なようで、その通りにしないと不安になるようでした。

娘の気持ちを尊重し、小さなことだったり、それを叶えることができる状況である時は、娘のこだわりを優先させていました。

しかし、それを叶えてあげられない時もあります。たとえば、お友だちと遊んでいる時、娘はおもちゃを貸してはあげられるのですが、使い方を仕切ってしまうなど、自分のルールを押しつけてしまうことがありました。

それをすれば周りの人が嫌な気持ちになるということが、娘にはまだ理解できていなかったのです。

体操着を着たがらない娘に

運動会も近くなった年少さんのある日、先生から「明日から毎日、体操服を着てきてください」というお知らせがありました。

翌朝、娘に体操服を着るように言うと、娘は制服を指差し、「こっちがいいー！」と激しく泣いてしまいました。

しかし、私としては何とか体操服を着せたい……。

そこで、三つの方法を試してみました。

①一つ許して一つ提案

まずは、娘の制服を着るという要求を叶えることから始めました。

娘の「制服を着て行きたい」という要求を一つ許し、その代わり「体操服を持って行ってもいい？」と一つ提案をしました。

そして、登園中に「幼稚園に行って、もし体操服を着てもいいなと思ったら着替えてね」と話しました。

②少し冷静になってからアプローチ

幼稚園に着いたら、「みんな体操服を着てるね」と、娘に周りを少し意識させながら「どうする？　制服がいい？　体操服がいい？」と聞きました。

冷静になって周りを見ると、娘は納得した様子。何でもなかったみたいに着替えてくれました。

③強要はしない

娘には「制服がいい」という揺るがない意思がある。

それなのに、私が「着替えて！　着替えて！」と強要してもうまくいきません。

スタートだけ叶えてあげて、そのあとにゆっくり娘自身に気づかせていったところ、娘は気持ちを切り替えることができました。

少しずつ大泣きが減っていった

私は、娘がこだわっている時は理由があると考えています。

小さなことだけれど何かが嫌だったり、不安があるのかもしれません。

言葉のコミュニケーションが苦手な娘から、泣いている理由を詳しく聞き出すのは、とても困難でした。

娘に聞いても、何が嫌かということを言えないため、「イヤ！」「だめ!!」「ちがう!!」といった否定的な言葉を繰り返すばかり……。

それでも気長に話を聞き出したり、娘の意思を一部尊重したりすることで、泣く回数は減っていきました。

こだわりがゼロになることは現在もありませんが、「こうしてもいい？」といった私の提案を受け入れてくれるようにはなりました。

しかし理由があるとは言え、私自身が忙しくなってくると、こだわる理由を聞き出すことに時間を使えなかったり、気持ちに余裕がなくなったりすることもあります。

当然ですが、毎回、優しい気持ちでつきあうことはできません。

療育を長く続けるためのコツは、「そこそこにすること」だと、私は思います。

たとえば、「三回に一回はゆっくり聞いてあげる」「さっきは聞けなかったから今回は聞こう」など、少し力を抜くようにしています。

頑張りすぎると疲れてしまうので、毎回完璧にする必要はないと考えています。

余裕のある時や休みの日だけは、ゆっくり子どものこだわりの原因を探っていくようにするといいかもしれません。

朝、登園前。

今日は、体操服だよ。こっち！こっち着ていこう！

やだぁぁぁ！これ！これ～！

ギャァァァァァー!!!

「制服がいい」ね！わかった！じゃあ、制服着ていこう！体操服はカバンに入れようね。いい？

幼稚園に着いたら、着替えてね！

ひっくひっく
あら？みんな体操服だね～運動会の練習あるもんね～服が汚れちゃうから、体操服がいいんだね～
→周りを意識させるアピール
……。
きがえる…
えらーい！ありがとう～♡
サッ

あいさつできる自慢の娘！ただ、母の心境は複雑

あいさつが大好きすぎて、スーパーで「あいさつ回り」

娘は、三歳になるまでほとんどしゃべりませんでした。

でも四歳頃になって少しずつ会話ができるようになると、「あいさつ」が大好きになりました。

あいさつをするように教えてきたわけではなかったのですが、娘は褒められるのがうれしかったのか、どこでも誰にでもあいさつするようになりました。

この頃の娘は、私と買い物に行くと必ず、「あいさつしてきていい？」と聞いてきました。

あいさつするのはいいこと。私は娘に「だめ」なんて言えません。

すると、娘はうれしそうにスーパーを回り、一人ひとりにあいさつしていきます。

もちろん、みんなが言葉を返してくれるわけではなく、反応はさまざまでした。

そんな状況を、私は何とも言えない気持ちで見守ります。

それでもスーパーでのあいさつ回りを終えた娘は、とても満足そう。

これはどこまで許していいのか……。

やめさせるべきなのだろうか……。

しかし娘の満足そうな顔を見ると、無理に止めるのもかわいそうに思えてきました。

相手からあいさつを返してもらえないと怒り出す…

最初は、きちんとあいさつできる娘が誇らしかった私ですが、次第に悩みが増えてきました。

娘が、あいさつをしても返事をしない人に対して、それが通りすがりの知らない人であっても、しつこくあいさつを繰り返したり、怒ったりするようになったのです。

私が娘のあいさつを止めようとしても、娘は相手の顔色を読んだり、状況を読むといったことが苦手なので、私がなぜ止めようとするのか理解できないようでした。

悩んだ私は、娘の言語訓練をしてくれている言語聴覚士の先生に相談することにしました。

先生からは、「あいさつをやめさせる必要はないけれど、あいさつを返さない人への対応は教えてあげてください」とアドバイスされました。

何度もしつこくあいさつをしたら、相手も不快に思うかもしれません。

そのことを娘にもわかってもらうため、「今は、あいさつしたくないのかもしれないよ？」「忙しいのかもよ？」などと声をかけて、娘に相手の気分や気持ちを推測さ

こんにちは～
・・・あれ？
こんにちは！
知らない人
こんにちは！
なんで!?
聞こえないの？
「こんにちは」って言ったよ！
今、忙しくて、
あいさつできなかったんじゃ
ないかな～？
え～！
それか～
今は、あいさつする
気分じゃないのかも～
でも、
ちゃんと、あいさつできて
偉いね♡
おりこうさん♡
うん♡

せることにしました。

私は、きちんとあいさつができる娘を誇りに思っていますし、あいさつをやめさせたいとは思っていませんでした。

ただ、適切な状況で、あいさつができるようになってほしいと思っていました。

娘が「あいさつするのはいけないこと」と誤解しないように気をつけて接することを当時は心がけていました。

カミングアウトして後悔…
こんな時どうする？

誰に、どこまで、どんなふうに話せばいいのだろう？

発達障害児の親ならば必ず迷う、「わが子の障害についてのカミングアウト」。どこまで話すべき？　どの程度親しい人に言うべき？　話して引かれない？　いつも悩むところです。

娘は三歳ぐらいまでは周りのお友だちとの差も少なく、少し接したぐらいでは発育が遅れていることはわからなかったと思います。

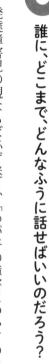

しかし四歳を過ぎると、娘のしゃべり方や雰囲気から、「あれ……？」と思われることが増え、周りの子との違いも目立ってきました。

相手が娘に対して違和感を感じた時、私もそれに気づきます。

その時、相手が初対面の人や、それほど親しくない人の場合、娘の障害について話すべきなのかとても迷います。

いきなり「娘には障害がある」と話したら、相手はどうリアクションしていいのか

わからず困ってしまうのではないか。そして困ったリアクションをされたら、私もなんと言っていいかわからなくなってしまう……。

実際に娘の障害のことを話してみて、「あ、言わなきゃよかった」と思うことがよくありました。

試行錯誤の結果、私が実践しているやり方

いろいろ試した結果、私は「あ、うちの子、言葉に遅れがあってね～。聞きとりづらかったらごめんね！」と、さらっと明るく話したあと、すぐに話を変え、相手にリアクションする隙を与えないようにしました。

それ以上聞きたくない人は、そのまま話を流してくれますし、「え？　どういうこと？」と思った人は、聞き返してくれます。

そして、聞き返してきた人にだけ、障害のことや詳しい話をするようにしています。

私は娘の障害のことを恥ずかしいとは思っていませんし、障害について話すことは苦ではありません。

むしろ、娘のことを理解してもらえるなら、いくらでも詳しく話したいと思っています。

ただ、それを聞いた相手を困らせたくはないという思いがあります。

今は、幼稚園や小学校でできた娘のお友だちやママ友にはうまく伝わっているようで、娘のことを理解してもらっています。

しかし今後も新しい出会いがあり、娘の障害について話す機会が増えていくでしょう。娘のことを正しく理解してもらえるよう、私自身努めていきたいと思います。

うちの子、言葉の発育に遅れがあって聞きとりにくかったらごめんなさい！
あ、そうなんですか。
あ、そういえば、明日は、お弁当の日ですね～！
すぐ次の話題へ

●監修者コラム

特性はあっても診断を受けていない子は多い

診断基準を満たすまでにはいかない状態「グレーゾーン」

発達障害は「スペクトラム」（連続体）です。つまり症状自体が連続しているので、診断項目にいくつかあてはまっていても、診断基準を満たすまでにはいかない子が多くいるということです。

このような状態についてはさまざまな呼び方がありますが、ここでは一般的にわかりやすい表現として「グレーゾーン」という言葉を用いることにします

症状のあらわれ方にも幅があり、その日、その時の環境や体調などで変わります。

そのため、グレーゾーンの子どもの一部は、それらの症状が診断基準にあてはまるほど重い「悪い状態」になることもあれば、あてはまらないほど軽い「よい状態」に落ち着くこともあります。

したがって、発達障害やグレーゾーンの状態を示す子どもたちの場合、「よい状態」は、症状が治ったわけではなく「目立たなくなっているだけ」と考えられます。

それゆえ、環境が合わなかったり、適合していた環境が変化すると、たびたび症状が悪化してしまうことがあるのです。

グレーゾーンの子どもの支援も、基本的には

発達障害のある子どもの支援方法が参考になります。

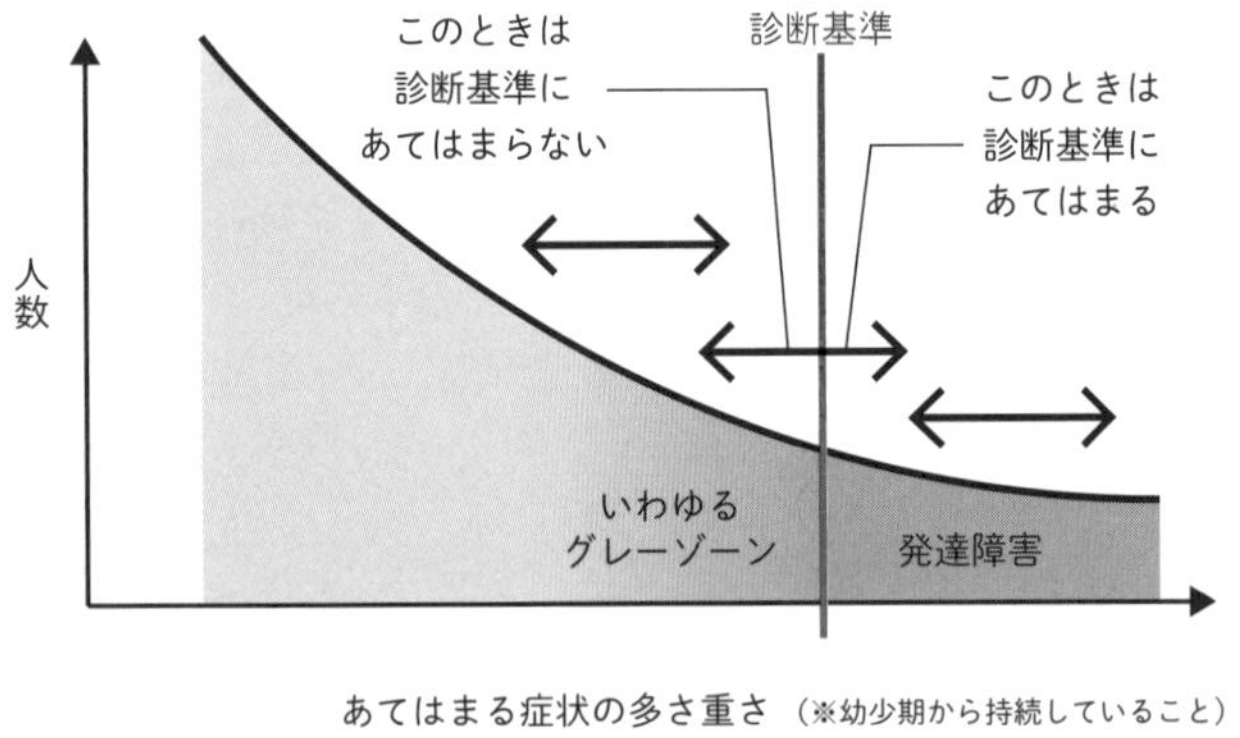
人数
このときは
診断基準に
あてはまらない
診断基準
このときは
診断基準に
あてはまる
いわゆる
グレーゾーン
発達障害
あてはまる症状の多さ重さ （※幼少期から持続していること）

症状には幅があり、↔の変動性も、個人によって異なります。

第3章

言葉が遅い娘に試みた言語トレーニング

四歳の時、発達障害と診断されて

いくら話しかけても返事をしない二歳半の娘

娘は言葉の発達が遅く、二歳を過ぎても私の言葉を理解したり、自分から何かを話したりするのが難しい状態でした。

今では私や家族、家族以外の人に対しても、自分から近づいて行ったり、進んで話しかけるようになった娘ですが、二歳の頃は「ママ　きて」などの単語をつなげた二語文はおろか、一語の単語さえほとんど話さない子でした。

「うー」や「あー」程度は言いましたが、とても声が小さくて聞きとるのもやっと。

一日中無言ということもありました。

娘が大きな声を出すのは、泣く時だけ。あまりにも声を発しないので、当時は泣き声を「へぇーこんな声なんだ～」と思いながら聞くほどでした。

二歳五カ月の時にたまたま受けた母子相談で、「コミュニケーション能力が極端に低い」「耳が聞こえていないかもしれない」と指摘されました。

保健師さんに、その場で娘の名前を呼ぶように言われ、呼んではみたものの、娘は振り向きませんでした。それはまるで私の声が聞こえていないかのようでした……。

その後、専門家のカウンセリングを勧められました。

耳は聞こえているのに、こっちを向かない？

娘は当時、名前を呼んだり、話しかけても、私のほうを見ませんでした。

しかしテレビを好んでよく見ていたこともあったので、私は「娘の耳が聞こえていない」なんて想像もつきませんでした。

病院へ行き、検査を受けた結果、娘の両耳は、ともに正常で、小さな音もしっかり聞こえていました。

耳が聞こえているのに、こっちを向かない……？ そんなことがあり得るのだろうか……。私自身、信じられない思いでした。

実は、声をかけても反応がないのは、耳の問題ではなく、コミュニケーション部分の問題だったのです。

耳が聞こえているので、テレビの音には反応することができます。

しかしコミュニケーションが極端に苦手な特性のせいで、娘は名前を呼ばれて振り向くということができなかっ

○○ちゃん！
あーさん！
名前≠振り向く
……。
あーさん？
あーさーん！
おーい！
聞こえてはいる
名前＝振り向く

たのです。

言葉のレベルは実年齢より一歳遅れ

そこで、二歳七カ月の時、初めて、「言語訓練」を受けることになりました。それは、言葉やコミュニケーションについて、専門の先生から助言や指導をしてもらうというものでした。

当時の娘には、私の言葉もまだ通じず、話すこともできませんでした。

言語訓練初日は、娘の言葉の発達レベルを検査しました。

名前を聞かれても答えられない娘。ほかにも、指示通りに動けなかったり、単語を言えなかったりと、そばで見ている私はヒヤヒヤしっぱなしでした。

検査の結果、二歳七カ月の娘の言葉のレベルは「一歳半」だと判明しました。

娘は、実年齢より一歳も発達が遅れていたのでした。

言語聴覚士の先生が「一緒に頑張りましょう！」と言ってくれ、私も強い決意をし、本格的に訓練が始まりました。

言葉を理解できない娘への最初の訓練は、言葉を聞いて、ものの名前を理解し、それに該当する絵カードを、いろいろな絵が描かれたカードの中から選び出すというものでした。

言語聴覚士の先生は、娘が正解すると、手を叩いたり、オーバーリアクションでたくさん褒めてくれました。娘も褒められるとやる気が出るようで、楽しそうに課題にとりくんでいました。

すごーい！
そう！
それは、「うさぎ」ね！
やったね〜！
パチパチ
サッ
……。
あ…楽しそう♡

訓練を続けていくうちに「ごめんなちゃい」「ありやとー」といった言葉や、ものや動物の名前は言えるようになりましたが、三歳頃になっても、娘が発する主な言葉は「ひぽぽぽぽ」のような宇宙語で、意味のない独り言がほとんどでした。

当時、娘が理解していた言葉は、視覚に入っているものだけだったように感じます。たとえば「ごはんだよ～」と言われると食事が出てくるといったことは理解していましたが、目に見えないものをあらわす言葉は理解できていないようでした。

声かけに対して「うなづく」という行動ができるようになったのは、四、五歳頃になってからでした。

それでも少しずつではありますが、言える言葉の数は増えていき、小学一年生の時に無事、言語訓練を卒業しました。

現在九歳になった今も、「○○をもらった」を「○○あげた」と言ってしまったり、「○○あげてくれた」という変な日本語は、まだまだ登場します。

言葉が出てこず、つまることも多々あります。

依然として言葉が苦手な部分は残っていますが、日常会話においては支障なく過ごすことができています。

語彙を増やす超簡単カードゲーム

絵カードを使って、家庭でも言葉のトレーニング

娘の言語訓練の様子を見ながら、方法さえわかれば、この子も前に進める！　と希望を見い出した私。言語聴覚士の先生から教えてもらった方法で、家でも療育をスタートさせました。

言語訓練で使っていたカードをヒントに、娘が知っている単語だったら関心を示してくれるかも……という期待をこめて、小さな紙に言葉をあらわす絵を描き、絵カードを作りました。最初は五枚ぐらいからのスタートでした。

初めのうちはカードを見せても、まったく興味を示さなかった娘。繰り返しカードを見せていきましたが、私の独り言のような状態でした。

しかし、カードに描いてある絵の名前を毎日読み上げていくうちに、娘はだんだんとカードに目を向けるようになりました。そして、少しずつ私の読み上げる言葉に反応を示し始め、数日後には、カードを自主的に持ってくるようになりました。

このカードは、私たちの療育の始まりでもあります。本書冒頭の口絵1ページでもカードを紹介しています。よろしければ参考にしてみてください。

絵カードを使った語彙を増やすゲーム

ここからは、私と娘がどんなふうにこの絵カードを使っていたのかを紹介したいと思います。

・初級編「ウサギさんはどーれだ？」

最初は、絵カードを何枚か並べて、「ウサギはどれかな～？」のように、娘に聞いて選んでもらいました。そして正解したら、たくさん褒めるようにしました。

もちろん娘は、すべての単語を知っているわけではないので、私の出す問題がわからない時もありました。

そんな時、娘は適当にカードを選んでいることが多いので、「違うよ」と教えて新しい言葉を覚えさせるようにしました。

・中級編「空を飛ぶ乗り物はどーれだ？」

言われた単語のカードを選ぶことに慣れたら、次は聞き方を変えます。

たとえば、飛行機を選んでほしい時は、

「空を飛ぶのはどれかな〜」「乗り物はどれかな〜」

りんごを選んでほしい時は、

「食べ物はどれかな〜」「赤い果物はどれかな〜」

というように、物の名前ではなく特徴を言って、並んでいるカードの中から選んでもらうようにしました。


言われた単語のカードを選ぶだけでも苦戦する娘（当時二歳半）に、これはとても難しかったようで、並んだカードを見つめたまま固まってしまいました。

そこで私は新たに、散歩へ行くたびに「鳥がお空を飛んでるね〜」「飛行機が飛んでいるね〜。乗ってみたいね〜」などと、単語に関係する用語を入れながら娘に話しかけるようにしました。

これを気長に続けた結果、家での訓練を初めて半年後の三歳になった頃「空を飛ぶ乗り物は何かな?」という質問に、「飛行機」と答えてカードを選べるようになりました。

現在、カードはおもちゃ箱に保管されていて、娘は今でも時々、出して遊んでいます。カードを見ながらスラスラと話す今の娘を見ると、なかなかしゃべらなかったあの頃を思い出し、成長を感じてうれしくなります。

家庭で療育する時の悩みいろいろ

家庭で療育をする時、子どものやる気が起きなかったり、時間や場所の確保について限界があったりして困るといった悩みをお持ちの方も多いようです。

今からお伝えするのは、わが家での試行錯誤にすぎません。どこまで読者の方のお役に立てるかわからないのですが、ご家庭で療育をなさる際に、少しでも参考にしていただけたらうれしいです。

・やる気を上げるヒント

実は、娘の場合、やる気の面ではあまり苦労したことがありません。

小さい時は淡々とこなしていましたし、少し大きくなってからは、「今日から新しい訓練をするぞー！」と言うと、「え⁉ なになに⁉」とのってくる感じの子だったからです。

もしかすると、訓練や療育の時に私が「今からおもしろいことしちゃうぞー！」みたいなノリでやっていたことが、動機づけにはよかったのかもしれません。

・時間を確保するヒント

わが家の場合、息子が生まれてから、ある程度手がかからなくなるまでは、無理やり療育のために時間を割いても、お互いイライラすると思ったので、娘の療育をあまり優先させませんでした。

療育の時間をしっかりとるよりも余裕を持って接してあげたいという思いが強かったので、日頃から娘とたくさん話をして、日常会話の中で言い間違いを直すぐらいにしていました。

あとは、息子のお世話が優先になって、娘を待たせてしまうことが多かったので、「いつも待ってくれてありがとうね」「助かってるよ」と多めに声かけをし、娘のメンタルフォローをメインに考えていました。

私が息子のお世話で手いっぱいの時は、夫が進んで娘と話してくれていました。夫の場合、療育というよりは、一緒に遊ぶという感じで、よく娘と二人で出かけたりしていました。

・場所を確保するヒント
「嫌なことがあった時に、クールダウンできる自分だけのスペースがあるといい」と、言語聴覚士の先生から言われていたのですが、当時はアパート住まいで家が狭く、娘の部屋を作ってあげることができませんでした。

そこで、子ども用テントで代用した

入って遊んだり、
クールダウンのために入ったり、
テント内でお昼寝していた。
♪

り、小さなビニールプールを部屋の中に設置して、パーソナルスペースのようにしていたこともあります。

その後、引越して娘の部屋を作ってあげることができたのですが、そのテントは現在、息子が愛用しています。

・邪魔をしてくる息子対策

息子は現在三歳。娘の療育中に、おもしろがって邪魔してくる時もあります。大変なのは、勉強を教えている時。娘は理解するまでにどうしても時間がかかります。ものを使って説明したり、ホワイトボードを使って考えたりするのですが、その様子は息子からすると「何かおもしろいことやってる！」ふうに見えるのでしょう。必要以上にくっついてきたり、混ざってきたり、わざと私を呼んだりします。

まだ三歳の息子に、「お姉ちゃんの大事な時間だから邪魔しないで」なんて言っても、理解できません。そんな時は仕方がないので、ＹｏｕＴｕｂｅやビデオを見せて、一時的におとなしくさせています。

また、夫が休みの時は、息子を外に連れ出すなどしてフォローしてもらっています。

「自他との区別」で会話力がレベルアップ

四歳の頃まで赤ちゃん言葉

娘は、四歳の頃まで赤ちゃん言葉を使っていました。

お友だちのことは大好きで、遊ぼうと寄っていくのですが、娘の話す言葉は赤ちゃん言葉。話の構成もできず、意味を持たない言葉の羅列ばかり……。

もちろんお友だちは理解できず、ポカーンとしてしまいます。

しかし娘は、そんな様子にもおかまいなし。時には途中でお友だちがいなくなっても一人でしゃべり続け、一人で笑っていることもありました。どうやら娘の中では、その会話や、やりとり自体が自己完結していて、言葉が他人に伝わらなくても、そもそも相手がいなくても気にならないようでした。

私は、一人浮いている娘を見ながら、この状況を変えたいと考えていました。

問題は言葉の訓練よりも「自他との区別」だった

そんな私に、発達外来の主治医はこう言いました。

「娘さんに必要なのは〝自他との区別〟です。言語能力を上げることも大事ですが、『私は○○だけど、お友だちは

にちゅちゅわ!

にちゅわ?

ぶーぶーの…

まーるのなの!

……。

四歳

○○かもしれない』というように、他人の気持ちを推測する力をつけることが、言語・コミュニケーション能力を上げていくことにつながっていくんです」と。

私は、そのアドバイスに衝撃を受けました。「自他との区別」。つまり、他人は自分とは考えることも感じることも違う存在であるということを理解することです。

そもそも他人を意識しない娘。そんな娘への課題は、次の二つでした。

・自分以外の他人を意識させ、「自分の感じることと、他人が感じることは同じではない」と教えること

・今、自分が話している言葉は「相手に通じていないかも」と気づかせること

「自分と相手の気持ちは違う」ことに気づかせる練習

主治医の話を聞き、私はさっそく家庭でのトレーニングを開始させました。

夫に訓練の協力を頼み、たとえば娘がふざけて夫にぶつかった時は、自分の気持ちと人の気持ちが違うことを、具体的な出来事で丁寧に伝えました。

基本的な方法は、次の四ステップ。
①まず、本人の気持ちを代弁します。これが気持ちの同調です。
②相手の気持ちを推測し、本人の気持ちとズレがある可能性を指摘します。
③そのうえで、相手に「どうだった？」と聞き、気持ちを言ってもらいます。
④それから、本人に向かって「こう言っているよ！」と、他人の気持ちを意識させる橋渡しの役割を担います。

これを繰り返すうちに、娘は何かしたあとに毎回、相手の気持ちを気にかけるようになっていきました。

人の気持ちを考えられる子に育ってきた

家庭内でのみ行っていた、このちょっとしたトレーニングでしたが、外での娘の様子にも、少しずつ変化がありました。

五、六歳頃には、お友だちに話しかけたあとに「わかった？」と聞くようになったのです。どうやら自分の話を他人に伝えたいという気持ちが芽生えたようでした。

娘は、そこから少しずつ少しずつ成長を見せてくれました。小学一年生になった頃には、相手の様子を見て、自分の話が相手に伝わっていない時は、言い換えたり説明を足したりするようになったのです。

人とのコミュニケーションにおいても、その人がちゃんと笑っているか、嫌じゃなかったかを、確認するようになりました。この「自他との区別」は、もともとお友だちが大好きで、優しい娘には、とても合っていたようです。

小学生になると、テレビを見たり、本を読んだり、人の話を聞いたりした時、その後ろ側の気持ちを考えたり、相手の気持ちを思いやったりもできるようになりました。

コミュニケーション能力を鍛えるためには、言語の習得が一番だと思っていた私。

しかし、主治医に教えてもらった「自他との区別」が娘を変えてくれました。

コミュニケーションに大事なのは言葉だけじゃないと思い直せた、よい経験でした。

五歳の頃、お友だちとの会話で・・・
映画！あの・・・みたの！
えっと・・・〇〇の映画！おもしろいの！
わかった？映画・・・みたことある？
わかるよ！映画、知ってるよ。
小学生の時、家でテレビを観ながら・・・
ママ～この子、涙ないけど悲しいと思う・・・
ぐすっ
ズビッ
グスッ
そうね・・・
人の気持ちを想像できるようになったんだ・・・
あ、やばい！テレビもあーさんも両方感動するっ！

娘と会話がしたくて作ったキャラ弁

園での様子を話してくれない！

娘は幼稚園に入園してから、毎日楽しく元気に通っていました。

しかし、当時三歳の娘は「今日、幼稚園で何したの？」と聞いても答えられず、幼稚園であった出来事を、娘の口から聞くことはできませんでした。

言語・コミュニケーション能力が低いため、「私の質問の意味が理解できない」「それを伝える語力を持っていない」という理由もありましたが、私が質問をしても、その質問に対して、少しも考えていないないように見えました。

問いかけに「うん」と言うだけの娘。これではいつまで経っても会話ができない！

聞かれた質問に対して考えて答える〝会話〟を娘としたいと思った私は、「思い出す」「考える」「話す」ということを何とか訓練できないかと考えました。

お弁当をキャラ弁に！

娘の幼稚園では、週に数回お弁当の日がありました。

「お弁当をキャラ弁にすれば、強く記憶に残るんじゃないか……？」

そう思いつき、次のお弁当の日からキャラ弁作りが始まりました。


気をつけたのは、次の三つ。
①娘が言える単語のものをおにぎりで作ること
②なるべくわかりやすいものにすること
③キャラクターを連続して同じにしないこと

「お弁当に何が入っていた？」という質問だったら、娘も答えやすいのではないか。お弁当をきっかけに、今日や昨日の区別がつけられるようになるのではないか……。そう考えたのです。

キャラ弁を持たせた日のお迎え時、娘に「今日のお弁当何だった？」と聞いてみると、娘は少し固まったあと、ハッとする表情を見せ、「てんとーむち～（てんとう虫）」と言いました。

この瞬間、「質問され、考えて思い出して、答える」という会話が成立しました！

少しずつステップアップ！

このキャラ弁、数週間続けた頃には、娘は自信満々におにぎりが何だったか答えられるようになり、数カ月後には、お弁当のおかずまで教えてくれるようになりました。

簡単なやりとりですが、私と娘にとっては、会話の基本となる大きな一歩でした。

その日のお弁当を答えられるようになったら、次は「今日は、かたつむりだったね。昨日は、てんとうむしだったね～」という言い方をするように心がけました。

なかなか理解しにくい「今日」「昨日」という意味もわかりやすく伝わりますし、昨日のお弁当が何だったかを覚えて、思い出すことにもつながるように思ったのです。

給食の日は、「今日、給食何だった？」と聞き、娘が固まってしまったら、「えっとね～、たしか～、ハン……ハンバ……」というように、事前に献立を見て内容を知っている私が、ヒントを出します。

すると、娘は「ハンバーグ！」と答えてくれます。

これを繰り返すことで「考える、思い出す、話す」という一つの流れを娘に癖づけさせるようにしました。

地道なとりくみでしたが、毎日続けることで娘は段々と、お弁当や給食だけでなく、「誰と何をして遊んだか」についても話してくれるようになりました。

独自に考え出したキャラ弁を使った会話法でしたが、のちに発達外来の主治医から、「記憶の定着にもつながるとてもいい方法ですよ！」と言ってもらうことができました。

このように一つひとつは小さなことですが、続けたら大きな力になる――。

毎日当たり前にやっていることでも訓練になります！

娘に負担にならない楽しい方法を見つけて、これからも一緒に成長していけたらと思っています。

本書冒頭の口絵4～6ページで、キャラ弁の写真を紹介させていただきました。よろしければ、参考にしていただけるとうれしいです。

五歳になっても「さしすせそ」が言えない

「さ」と言っているつもりが、音は「た」

娘は、話し始めた頃（三歳前）からずっと、発音が苦手。

本人は「さ」と言っているつもりでも、音は「た」になっている……。

「さしすせそ」と話しているつもりが「たちつてと」になってしまうのです。

そんな時期が三年近くあり、その間、療育に通い、家庭でもトレーニングを実践していました。

たどたどしい言い方は、子どもっぽくて愛らしくもある半面、発音のあいまいさが、言語コミュニケーションを妨げる原因になりはしないかと私は心配していました。


ある日、病院へ行った時、それは現実になりました。

キッズスペースにいた四歳ぐらいの女の子に、話しかけていた娘。

名前を聞くと、その子は「さえ」と答えました。

娘は、「さえ」という音は聞きとれているのですが、それを音に出すと「たえ」になってしまい、「たえちゃんね！」と言います。

名前を間違えられたと思った女の子は、必死に訂正……。

しかし、娘は自分が正しく言えていると思っているので、相手に何度も名前を言い直される理由がわかりません。

結局、自分の名前を正しくなかなか呼んでくれない娘に対して、女の子は怒り出してしまい、娘も最後は困り果て、二人は一緒に遊ぶことができませんでした。

「さえちゃん」という女の子より、明らかに年上だった娘。

きっとさえちゃんは、「なぜ言えないんだろう？」と思ったことでしょう。

人懐っこい娘ですが、発音が悪いことで、こういう子ども同士のトラブルが連発したりすると、「焦ってはいけない……」とわかっていても、なおさら頭を抱えてしまう日もありました。

言語聴覚士の先生から習った自宅での訓練方法

ここからは、なんとか正しく発音できるようにするため、私が言語聴覚士の先生から教えてもらった、家庭でも実践できる訓練の方法をいくつか紹介します。

・「しーっ」をすることで、「さしすせそ」の舌の動きの訓練に

娘は、「さしすせそ」の発音がとにかく苦手でした。

本来、「さしすせそ」の発音をする時、舌は下の前歯の裏にあり、息を「すぅ〜」と、上下の歯の隙間から吐くようにするのですが、発音が正しくできない子の多くは、舌に力が入ってしまい、舌の位置が正しくないようです。

どうやら娘は、舌の力を抜き、吹くように息を吐くのが難しい様子……。

一番近いのは、「静かに」と口の前に人差し指を立てて、「しーっ」という時の吐き方。この方法をすると「し」だけは、きれいな発音になりやすいそうです。

・ペロペロキャンディーが使える！

しかし、会話の聞きとりや理解がまだまだできない娘に、舌の位置や息の吐き方を、言葉だけで教えるのは思った以上に難しい……。

そんな時に使えるのが、平らな棒付きの飴、ペロペロキャンディー！

この飴を舌の上に乗せ、上の歯と下の歯で挟み、息を吐きます。

おは『しぃ～』
（おはし）
『しぃ～』まうま
（しまうま）
飴と舌を、歯で挟む。
棒付き飴
※注意
よだれがすごく出ます。
スーッ
タオル
タオル
スーッ

舌を飴と一緒に挟むことによって、舌が奥に引っ込まないようにすることができます。これを何度も繰り返しました。

訓練が終わった飴は、ご褒美に！

おやつの時の習慣にすると、楽しんで訓練できました。

・発音より先に、ひらがなの文字の形を覚えさせる

聴覚からの情報収集が苦手な娘の場合、耳から入る「さ」と「た」の違いがわかっていないようだったので、言語聴覚士の先生から、「先にひらがなを書くことを覚えましょう！」とアドバイスを受けました。

ひらがなを書く訓練をすることで、「さ」という文字と、「た」という文字の形を覚えさせ、それぞれが別のものだということを理解させるようにしたのです。

書くことに、思った以上に興味を示した娘。

「さしすせそ」も「たちつてと」も書けるようになり、耳から入る言葉については、それぞれが別のものだと理解したようでした。

わが家流の遊びとして、とり入れたこと

耳から入った「さ」と「た」を区別できるようになった娘でしたが、自分で言うと、「さしすせそ」は、「たちつてと」になっていました。

頭では「さ」と「た」の音の違いはわかっていて、本人は言えているつもり。

でも、自分の口から出た音が違っていることに気づいていない。

ということは、自分の口から出た発音に耳を傾け、自分の耳で聞くことが必要になってきます。

そこで私は、カードでポーズ遊びを作りました。

『さ』のポーズ」と「『た』のポーズ」をカードにし、娘にどちらかを言わせます。

たとえば『さ』のカードを選んだ娘が、『さ』を言うことができず、「た！　た！

『た』のポーズ！」と言います。

私は、聞こえたまま『た』のポーズをとります。

すると、『さ』と言っているつもりの娘は、「ちがう！　た！　た！」と訂正します。

その時に、あえて「え～……『た』に聞こえたよ～？」と言い、自分の発音を気にかけるきっかけを作るようにしました。

娘が、「さ」と「た」の違いを理解し、自分の発音に意識を向けることができたら、あとは繰り返すだけ！

ここでは、しつこく言い直させることはせず、気持ちとしては、「気が向いたら覚えといてね～」という軽い感じを心がけました。

た
さ
できた！
わぁ♡
ママがポーズとるよ～
好きなほうを言ってみて～
「さ」にしよう！
た
はい！「た」！
ビシッ!!
違うよ～！「た」！
こう！
「さ」のポーズ
「た」って言ってるからこれでしょ？
え～！「た」って聞こえる～ママちゃんとポーズしてるよ？
え～？え～？
なんで・・・？「さ」って言ったのに・・・ママには、「た」に聞こえるの？

娘が発音を嫌がってしまっては、逆効果。厳しく発音を訂正したりしないように、気をつけました。

このままの発音、小学校でホントに大丈夫かな？

日々の生活の中でも、「さしすせそ」の言葉に触れ、さりげなくたくさん発音させるようにするなど、家庭でも積極的に訓練したのですが、年長さんになっても娘の発音はなかなか直らず、ついに卒園式が近づいてきました。

あと一カ月で小学生。これからどんどん、お友だちや先生とコミュニケーションが増えていきます。

「このままで大丈夫かな？」と心配していたある日のこと。娘は、さらっと「さしすせそ」を正しく発音したのです。これにはびっくり！　すぐに言語聴覚士の先生に確認してもらうと、「言えてるよ！」と言われ、二人で大喜び！

だから、今なら胸を張って言えます。「療育に焦りは禁物！」だと。

「トレーニングの成果は、あらわれるはず」と頭ではわかっていても、差し迫った小学校入学に焦って、当時の私は一人でものすごく心配していました。

しかし、娘はラストスパートをかけて、今までため込んでいたものを、見事に爆発させてくれました。

そして、きれいな発音ができるようになってからは、ぐんぐん成長し、発音に関してはほとんど違和感がなくなりました。

現在、九歳（小学四年生）の娘は、きれいに「さしすせそ」が発音できています。今となっては、以前がどうだったか思い出せないほど（笑）。

娘の言葉が出始めた三歳頃から、五歳まで向き合ってきた発音。

振り返ってみれば、かけがえのない親子の歩みでした。

私の方法が正しかったのか……。（ほかの人から見たら）もっと早く言えるようになる別の方法があったのか……。今となってはわかりません。

でも、大切なのは、目標に向かって、わが子と一緒に歩んできたということ。

どうすればよくなるか？　を考え、模索しながらやってきました。

この期間は、私と娘にとっては、なくてはならない重要な時間でした。

これからも何か困ったことがあった時は、娘を信じて、焦らずのんびりと向き合って、一緒に寄り添って歩いていきたいと思っています。

きつく叱ってしまった時は

自分に余裕がない時はイライラしてしまう

言語理解が遅い娘には、ほかの子が一度で理解できるようなことも、言葉だけで伝えるのは至難の業。

同じことを言葉を変えて何度も繰り返したり、絵を描いたりすることで、やっと伝わります。

娘は決してやる気がないわけでも、わざとやっているわけでもなく、本当にわからないのです。一生懸命に聞いているのですが、理解できない。

そのことを十分わかっている私ですが、どうしても自分に余裕がない時は、伝わらないことでイライラしてしまいます。

何度説明してもわからなかったり、途中で諦めてしまう娘を見て、「も～！　なんでわからないの!?」とひどい言葉を言ってしまうことも……。

ひどい言葉を言ってしまった時は素直に謝る

ひどい言葉を言ってしまった日の夜は、罪悪感がこみ上げてきて、娘に申し訳なくなります。

そんな時は夜寝かしつける時に、娘に正直な気持ちを伝えて謝るようにしています。私の言うことが一〇〇％理解できない娘なので、謝っている意味がわからないかもしれない……。

それでも娘は、「だいじょーぶ！　きにしないで」と言ってくれます。

そのたびに、「あ～私の子どもが、この子でよかった……」と、改めて娘のよさを実感しています。

完璧な親なんていない。

親だって人間。イライラもするし、感情的に怒ったりもします。

「いい親になろう」とは思いませんが、娘に素直に謝ることができる親ではありたいな……と思っています。

親子喧嘩の仲直り方法

何かと言い訳をするように…

娘は、頭で思っていることを伝えるのが苦手。

そんな娘が、自分で編み出した「伝える方法」に思わずびっくりしたエピソードをご紹介します。

小さい時からおとなしくて、お利口だった娘。謝ることがすぐできて叱ることも少なかったのですが、小学校入学のちょっと前から「だってさ～、でもさ～」と何かと言い訳をして、素直に謝れないことが増え、少し反抗的になってきました。

ある日のこと、激しい反抗の末、ついに大喧嘩に発展！

いつもなら「わかったー。ごめんなさーい」で済むようなことに何かと言い訳をしてなかなか謝ろうとしません。

それどころか、あげくに逆ギレ！

話はどんどんこじれ、母と娘、両者一歩も譲らず収拾がつかない事態に……。

そして娘は私に腹を立て、部屋に閉じこもってしまいました。

娘が渡してきた一枚の紙に書かれていたのは……

反抗するのも成長の証……と、わかっていても、私も人間。イライラする気持ちがどうしても収まらず、何もしないいまま時間だけが流れました。

三〇分ほど経った時、突然娘が部屋から出てきました。そして、黙って私の前に一枚の紙を置き、また部屋に戻って行ったのです。

なんだ？　と紙に目を向けると……

そこには、悲しい顔の絵が紙いっぱいに大きく描かれていました。

これには私もビックリ！

想像していなかった行動にビックリ。そして思わず…

娘の行動は、私の想像をいつも超えてきます。

娘が五歳の頃、注意をすれば反省はするものの、何度も同じ失敗を繰り返していたことがありました。

ある日、何度も同じことで注意が続き、ついに堪忍袋の緒が切れた私は、娘が謝った言葉に対して「もうその言葉は聞き飽きた」と、いつもより強めに言い返してしまいました。

すると、なんと娘は泣いている顔を無理やり笑顔に変え、歌い始めたのです！

「ママ〜ゆるして〜♪　なかなおりしようよ〜♪」と、ひくひく嗚咽しながら……。

「聞き飽きた！」という言葉を聞いて、娘なりに「飽きない謝り方」を考えてくれたようでした（苦笑）。そしてたどり着いた答えが……謝罪ソング！

あまりにおもしろすぎる展開に、私は笑いを堪えるのが大変でした。

この時の娘の行動も、私の想像を超えましたが、今回の悲しい顔の絵もバッチリ想像を超えてきました。

　自分の感情や思いを言葉にして話すことが苦手な娘は、部屋に閉じこもっている間、きっといろいろな考えを巡らせていたのでしょう。

「ママに怒られた……悲しい」という気持ちを、どう伝えようと考えた結果、絵で表現してきたのです！

　娘のやり方に、すっかり感心してしまい、怒りはどこへやら（笑）。

　私もペンをとり、「ママも喧嘩し

おねがいよ～
わらって～ママ～♪
ぐすっ
えがおを～
み～せ～て～♪
ぐすっ
ぐすっ
……。
ヒク
ヒク
この状況で…え？歌う？
だめだ…笑ったらだめだ…

ちゃって悲しい」という意味をこめて悲しい顔の絵を描きました。
すると娘は部屋から出てきて、「ママ悲しいの？」と言ってきたのです。
部屋から出てきた娘は「ごめんね」と謝りました。
私もすかさず「ママもごめんね」と謝り、無事に仲直りできました。
ほかの子と比べると、とても特殊な娘。仲直りの方法も、特殊（笑）。
でもそんな私たちだけの仲直りが、ちょっとうれしい母なのでした。

あははは♡
おもしろいこと考えるな～
発想がすごいよ！
それなら、私も・・・
ふふふっ
あーさんの部屋
スッ
ママ・・・
ママも悲しいの？
そっか・・・
ママも悲しい・・・
仲直りできなくて
悲しい・・・

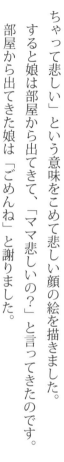

第４章

就学先は小学校の通常学級

「通常学級」を選択した理由

娘に合った進学先はどこ？

娘が自閉症スペクトラム障害の診断を受けたのは、四歳（年中）の時。

しかし、それより前の三歳（年少）の頃から、進学先について、夫婦共々、真剣に考えていました。

発達外来の主治医のアドバイスもあって、年中の時期は「療育に積極的にとりくむ一年」として、いろいろなトレーニングや言語訓練、自宅療育に挑戦しました。

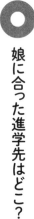

そして、年長になり、進学先を決める時期になりました。

三～四歳の頃の娘は、周りとの発達差もあまり目立たず、言葉がたどたどしくても、年上の子たちから「かわいい～！」と言われていました。

ところが五歳にもなると、周りの同級生の子たちとの差がはっきり開いてくるようになりました。同年代の周りの子たちは、はっきりとしゃべるようになり、意思の疎通もきちんとできています。

しかし娘は会話が成立しないことも、まだまだありました。日々の療育や言語訓練も頑張っていましたが、周りの子に追いつくことはできていませんでした。

娘に合った進路は特別支援学校？　特別支援学級？　それとも通常学級？

娘の進学に関しては、私たちも初めてのこと。

正直、どこを選ぶことが正解なのかわかりませんでした。

どこを選ぶとしても、「娘が楽しく過ごせること」が一番だと考えていました。

私は進学先を決めるにあたり、いろいろな人に相談し、話を聞き、夫婦でも、たくさん話し合いました。

そして、私たち夫婦は迷った末、地元の小学校の〝通常学級〟に進学することに決めました。

特別支援学級が併設された学校を選ばなかった理由

特別支援学校か、特別支援学級がある学校に入学したほうがよかったんじゃないかと思われそうなので先に説明しておきますと、地元の小学校は、児童数も少なく、クラスも一クラスのみ。クラス替えもなく、中学生まで同じメンバーで学年が上がっていきます。

そのほうが、娘の特性を理解してもらえ、中学への進学もスムーズにいくと考えて、通常学級への進学を決めました。

そして、何より、娘の主治医に、「通常学級で行けると思います」と言ってもらっていたことがとても大きかったです。

あとから知ったのですが、通常、医師は進路についてまでは言及されないとか……。

それでも、その主治医は私の背中を押してくれました。今思えば、相手が私だったからかもしれません。

主治医は私から相談事をいろいろと聞いているうちに、私の周囲に発達障害に関する十分な知識を持った人がいないことを知り、さらには私が考え込みがちで無限ループに入り込みやすいタイプだということがわかったので、あえて自身の考えを伝えてくださったのかもしれません。

通級ではなく通常学級で様子を見ることに

就学前の相談時、私たち夫婦は、娘が入学する小学校には特別支援学級がなく、在籍としては通常学級という選択しかないと聞いていました。

ただし、通常学級の場合、週一、二回、特定の時間に、小集団や個別の指導を、と り出しで受けられる通級指導教室（東京では、「特別支援教室」と呼ぶ）があるとのことでした。

一年生のうちは算数も国語も学習内容がまだ簡単なので、私たち夫婦は、娘が通常学級でやっていけるのかどうか、しばらく様子を見てみようと思い、通級指導教室への通級という選択をしませんでした。

もし学校側から「通級」を勧められていたら、通っていたかもしれません。

娘の通う小学校では、通常学級在籍の全校生徒の中でも〝支援が必要〟と言われている数名の生徒を、数名の支援員（※）の先生が見るスタイルでした。

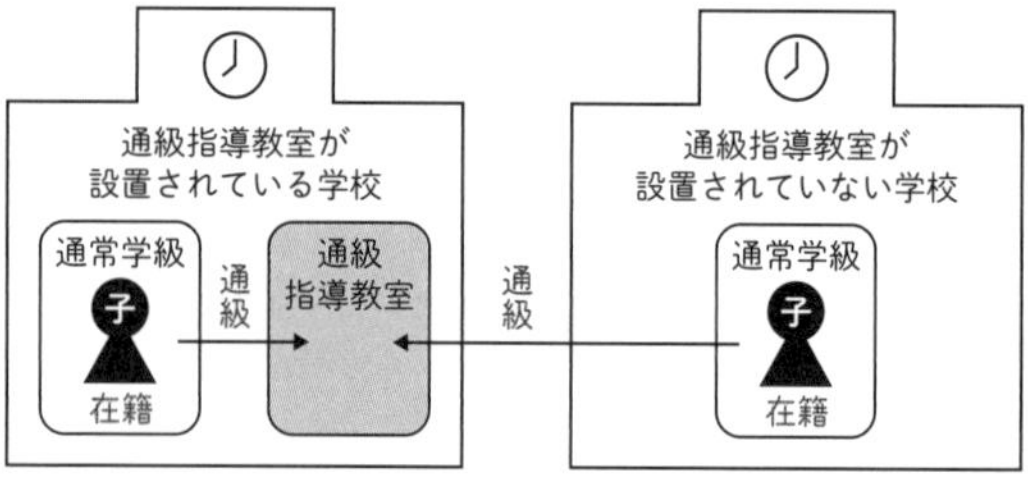

通常学級に在籍をして通級指導教室に通う子の場合、週一回から数回、本人の困難状態に合わせて、とり出し指導を行います。内容は、社会的スキルの学習、気分感情のコントロール方法、書字の練習など。子どもに合わせて、算数など特定の授業のみを通級指導教室で受け、それ以外の授業や、給食などの学級活動は通常学級で過ごします。
自分が通う学校に、通級指導教室がない場合は、近隣の学校へ行くことになります（他校通級）。
東京都では、平成28年度から「特別支援教室」という名称で、各学校に担当教員が出かけて行く支援スタイルがとられており、在籍校で支援が受けられるようになってきています。
自治体によって、呼び名や仕組みに多少の違いがありますので、各自治体の教育委員会に確認してみるとよいでしょう。
※通級指導教室については、4章末p154〜のコラムや、p164でも詳しく解説しています。

支援員はいますが、娘一人の専属ではありません。いつもそばにいてくれるわけではないというわけです。

さらに、娘の通っていた小学校では、一年生の学習は、まだ抽象的な思考が入ったものが少なかったため、高学年の生徒への支援が優先され、必然的に低学年の生徒への支援は後回しになりました。

※支援員…特別支援教育支援員。こちらについては4章末のコラムｐ１５７でも詳しく解説しています。ちなみに支援員は学習指導を行わないため、支援員には教員免許や特別支援学校教諭の免許が必要ありません。

入学後、担任からの相談&報告が増えてきて…

同級生と馴染むために入学前に工夫もしました

私たち家族は、娘の小学校入学直前に引越しをしたため、今まで通っていた幼稚園から、同じ小学校へ進学する子が一人もいませんでした。

さらに、娘が通うことになった小学校は、付属の幼稚園からそのまま持ち上がりのシステム。娘以外の全員が、すでに仲よしの状態でした。

そこで、入学式の二カ月前から、同じ小学校に入学する子たちが通う幼稚園に週一回、一時間だけ通わせてもらうことにしました。

娘が少しでも入学前に同級生と馴染んで、入学してからスムーズにスタートを切れるようにしたかったからです。

事前に交流を持っていたこともあって、入学当初は順調でした。

お友だちもたくさんでき、喧嘩はあっても、それなりに楽しく過ごすことができている様子に、まずは安心しました。

だんだん授業についていけなくなった娘

娘の楽しそうな様子にホッとはしつつも、親としていろいろ心配がありました。

その中の一つが、学校の先生がクラスの子どもを一斉に教える「授業」。娘が理解できるのか、集中して受けられるのか、授業についていけるのかと不安がつのりました。

入学当初は、ひらがな五十音の習得や、たし算・ひき算など、授業も宿題も簡単な内容だったので、ついていけているようでした。

しかし、入学してしばらく経った頃から授業が難しくなり、少しずつ内容が濃くなるにつれて、娘はだんだんと授業についていけなくなりました。

また、授業中にマイワールドに入ることが多く、授業も聞いていないようで、担任の先生からも「授業についていけていない」という話をされました。娘は、先生が全体に出す指示を聞きとれず、周りの子から大幅に遅れているとのことでした。

文章が書けず、一時間白紙のまま固まっていたりすることもあり、そのことを担任の先生から相談される回数も増えていきました。

文章を書いていないことを先生に注意され、本人も困っていました。

支援員が入らない時はまったくついていけず、特に作文や感想文、日記などの文を書く授業は難しいようでした。

文字自体は書けるのですが、もともと言語自体が得意ではないため、何を書くかを考えたり、そのことを頭に置きながら文章を構成することは、娘にとってはすごく難しいのです。

さらに、お友だち同士のトラブルの内容も、娘には難しいものになっていきました。

娘は、自分が思っていることを言葉で表現するのが苦手です。

お友だちから、自分がやっていないことで責められても、「私じゃない！」と自分の主張をうまく言えず、責められ続けて泣く……。そして、さらに責められる……。

そんな姿を見ることも増えていきました。

そんな状況の中で、お友だちから、「なんですぐ泣くの？」「なんで日記が自分で書けないの？」などと言われることが、どんどん多くなっていったのです。

親のエゴで娘が合わない環境にいるのかな…

私は次第に、自分が通常学級を選択したことが、間違いであったのではないかと思い始めました。

私たちが通常学級を選択したがために、わが子が嫌な思いをしているのであれば、その決定は親のエゴだったのではないだろうか……と考えるようになったのです。

とにかく状況を詳しく把握しようと、私はなるべく学校へ出向き、娘の学校での様子を見に行くことにしました。こっそり見に行ったり、帰宅時間に学校まで迎えに行ったり……。

実際に見てみると、悪いこと（娘が泣いていたり、つらい状況）ばかりではなく、お友だちと楽しく遊ぶ様子や、お友だちに助けてもらっている様子も見えます。

娘に聞くと、「学校は楽しい、お友だちは優しい」と言います。

でも、泣いて帰ったり、できないことを注意されたりもしています。

この状況は、いったいどういう判断をすればいいのか……。通常学級にこのままいて、いいのだろうか……。

どっちつかずの考えが、私の頭の中でぐるぐる回る日々が続きました。

悩んで悩んで、たどりついた大切なコトは

帰宅した娘がどんな顔をしているか。

泣いている？　笑っている？　学校は楽しかった？　楽しくなかった？

毎日、そればかりが気になるようになりました。

その堂々巡りの日々の中で、私が考えなければならないのは何だろう？　本当に大事にしなければいけないのは何だろう？　と、しばらくの間、考え続けました。

そして気づいたこと。それは当たり前かもしれませんが「娘が笑顔でいられること」。そして、「それを見守る私自身も、笑顔でいられること」だと。

これらは入学先を決める時に、一番の基本にしたことでした。それに改めて気づくことで、自分の思いが少し固まるような感覚になりました。

私はこの気持ちを大切にして、娘の居場所について改めて考え、今の環境でできる最善の方法を探りながら前に進むことにしました。

この学級に関する問題は、二年生に進級する時にも、また悩みのタネになりました。それについては、改めてお話ししたいと思います。

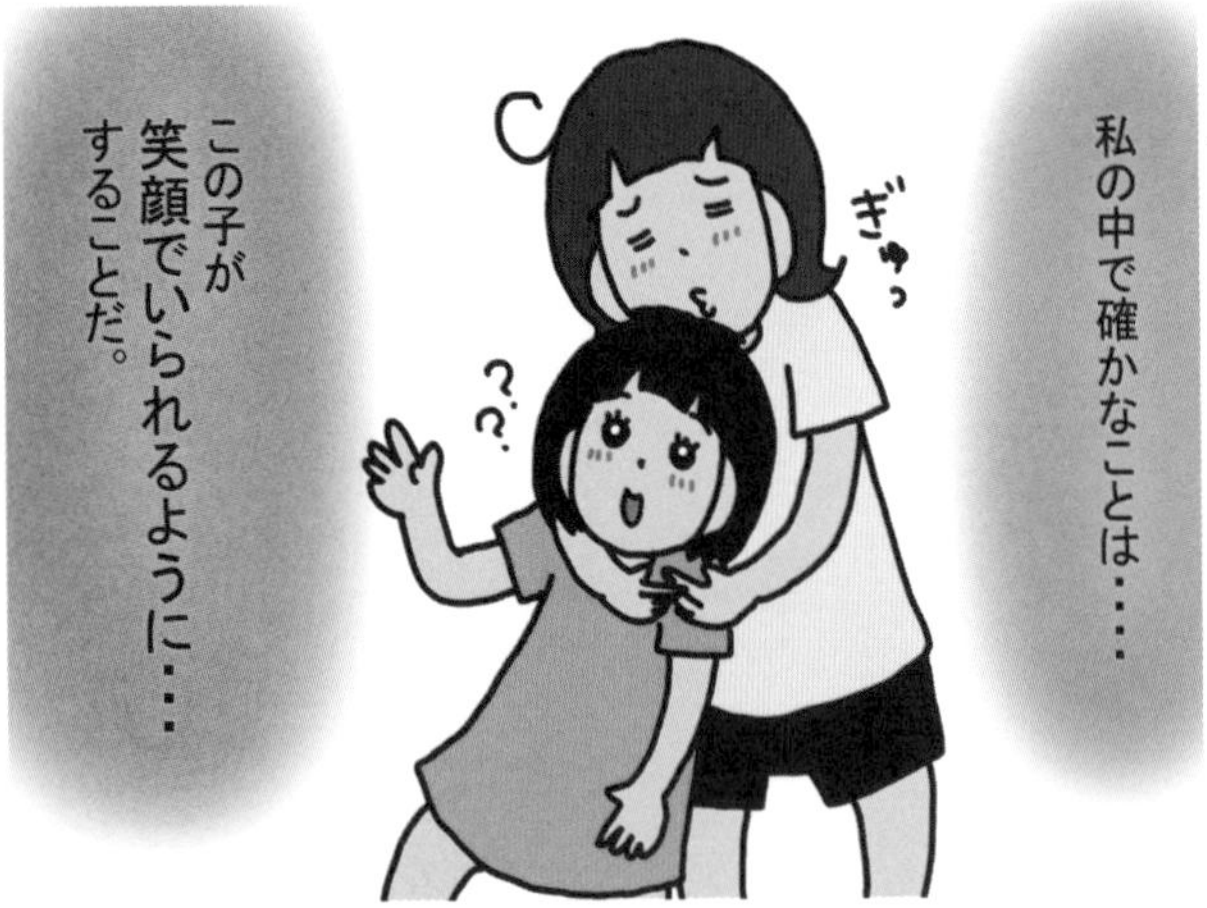
私の中で確かなことは・・・・
ぎゅっ
??
この子が笑顔でいられるようにすることだ。・・・

授業についていけるよう予習中心に

授業についていけない娘に必要だったのは

娘が授業についていけない事実に直面した私は、いつも的確なアドバイスをくれる娘の主治医に相談することにしました。

私の話を聞き、宿題の内容を確認した主治医は、こんなアドバイスをくれました。

「出されている宿題は、学校でやったことを確認するような復習の内容だと思いますが、勉強に苦手感がある子は、予習中心にすると動機づけが上がることが多いと言われています。

娘さんのような子は、見通しのつかないことが苦手。こういう子にとっては、授業で聞くことは、二回目であったほうがいいと思います。『あ、聞いたことある！』というのが、授業を聞こうという興味につながるんです。

だから、復習よりも予習に力を入れたらいいかもしれません。一度やってることは、自信にもつながりますよ」

それから主治医は続けて、こんなことを言いました。

「学校の先生にお願いして、みんなと違う宿題を出してもらったらどうですか？　たとえば、来週出す予定の宿題を、先にもらうとか……」

なるほど！　私は、目からうろこがおちました。

来週の学習範囲を家庭で予習

来週の宿題を事前にもらうのは、担任の先生の負担になると感じた私は、毎週、来週する授業の予定範囲を担任の先生から教えてもらうことにしました。

そして、娘が帰宅して、みんなと同じ宿題を終わらせたあと、授業で使う教科書とワークブックをコピーして、来週する予定の学習をやってもらうようにしました。

ここでポイントなのは、教科書を書き写したりするのではなく、教科書やワークをコピーして使うこと。

娘には視覚情報優先（ものを認識する際に、視覚を使うと理解しやすいこと）の傾向があるため、教科書を書き写すよりもコピーのほうが、目で見て「同じ問題だ！」「見たことある！」と認識しやすかったのです。

娘は、この予習を毎日頑張ってくれました。


予習を始めて一カ月ほど経った時、授業中の娘に変化がありました。

学校の先生に聞いたところ、指示をしなければ書けなかったところが、スッと書けているとのことでした。予習として事前にやっていたからでしょう。

もちろん、同じものをやっているので、当たり前と言えば、当たり前。

しかし、娘にとっては「授業がわかるという自信」につながったようです。

娘の口から、自信満々な授業の話を聞くと、私もうれしくなり、予習の大切さを改めて感じました。

授業中はサポートできないけれど、家でならカバーできる

発達に遅れのある娘は、みんなと同じ勉強方法を試したり、勉強量をこなしても、なかなか授業についていけません。

そこで、学校にすべてを任せるのではなく、娘が授業についていけるように、努力してカバーできることは家でとにかくやってみる！　そういう気持ちを持って、とりくんできました。

そうこうするうちに、娘は授業を少しずつ聞けるようになっていき、予習の回数も少しずつ減っていきました。算数に関しては、ほとんど予習の必要がないほどに！

娘は、できることとできないことの差が激しいという特性を持っています。

決まりきったものが好きなので、暗記は得意。文章や図形の暗記には、大人顔負けの記憶力を発揮します。

一方で、言葉が苦手なので、国語が不得意。文章を読みとって問題に答える文章問題や、文章を自分で構成しなければならない感想文や作文は難しいようでした。

娘にとって、「自分で考える」という自由な発想や不確かなものは、とても困難なようで、自分の思いを話したりすることも苦手です。

苦手な分野に関しては、少しずつでもいいからできるようにと、作文の練習や、思ったことを口に出して言う訓練を続けました。

娘が小学二年生になる頃には、事前の予習は必要なくなり、小学四年生になった今は、私のサポートがなくても一人で作文や日記を書けるようになりました。

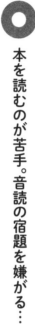

本嫌いな娘と続けた音読習慣

本を読むのが苦手。音読の宿題を嫌がる…

娘は、小学生になる直前に、ひらがなを読めるようになりました。

しかし、読めると言っても、実際は一文字ずつ拾うだけ。いざ本を読むとなると、途切れ途切れ……。文章を読んでいるという感じではありませんでした。

学校からは音読の宿題が毎日出ていましたが、読むのがゆっくりな娘は、長い文章を読むことを嫌がり、ちょっと読んだだけでやめてしまっていました。

授業でちゃんと読めているのだろうか……。親としてはなんとかスラスラと読めるようになってほしいと焦りますが、本人は気にしていない様子。

本人がやる気を出さないことには始まらないけれど、親としてできることはないだろうか……と考えた私は、寝る前の時間を工夫してみることに決めました。

とにかく今以上に「本を読む」ということに、少しでも関心を持ってもらおうと考え、娘が寝る時、部屋で絵本を読むことを日課にしました。

読む本も一冊にこだわらないことにしました。

ちょっと大変だけど親子で続けた読書の習慣

娘はその日から、図書館で二〜三冊の本を借りてきて、翌日に返し、また新しい本を借りることを繰り返しました。

時には、寝る前に読むにはちょっと長〜い本をチョイスしてくることもありました。

夫の帰りが遅く、息子をあやしながら読むこともありました。

それでも私は、娘が借りてきた本を、とにかく読みました。

この期間、私は「自分で読んでみる？」と娘に聞かないようにしていました。

それは、いつも宿題と自主学習、療育を頑張っている娘に、そこまで強制したくない……という思いがあったからです。

借りてきた本をひたすら読むことを続けて、五カ月ほど経ったある日。

娘は今までとは違って、短めの本を借りてきました。

◎タイトル：

◎書店名（ネット書店名）：

◎本書へのご意見・ご感想をお聞かせください。

ご協力ありがとうございました。

郵 便 は が き

（切手をお貼り下さい）

170-0013

（受取人）

東京都豊島区東池袋 3-9-7
東池袋織本ビル 4 F
㈱すばる舎 行

この度は、本書をお買い上げいただきまして誠にありがとうございました。お手数ですが、今後の出版の参考のために各項目にご記入のうえ、弊社までご返送ください。

お名前	男・女	才
ご住所		
ご職業	E-mail	

今後、新刊に関する情報、新企画へのアンケート、セミナー等のご案内を郵送またはＥメールでお送りさせていただいてもよろしいでしょうか？

□はい　□いいえ

ご返送いただいた方の中から抽選で毎月３名様に
3,000円分の図書カードをプレゼントさせていただきます。

当選の発表はプレゼントの発送をもって代えさせていただきます。
※ご記入いただいた個人情報はプレゼントの発送以外に利用することはありません。
※本書へのご意見・ご感想に関しては、匿名にて広告等の文面に掲載させていただくことがございます。

「こんな短いのでいいの？」と聞くと、「これは私が読むの」と娘は言いました。

私は驚き、同時に娘が自分から言い出したことが、うれしくて仕方ありませんでした。


そして娘はその日、ゆっくり、一文字ずつ本を読み進めていきました。私は、一つひとつ頷きながら聞きました。

その日から、娘は自分がギリギリ読める字数の本を、借りてくるようになりました。

そして、毎晩続いていた私の読み聞かせは、娘の朗読タイムに変わりました。

最初はゆっくりだった読み方も、少しずつスムーズになっていきました。

だんだんと娘は自分で本を読むようになり、音読に対する苦手意識はすっかりなくなりました。

娘が「多読賞」の賞状をもらってきた！

毎日毎日、真面目に学校の図書室から本を借りて来ていた娘は、一年生の時、各学年でたくさん本を読んだ人がもらえる「多読賞」の賞状を持ち帰ってきました。

いつもみんなより遅かったり、みんなよりできないことが多い娘にとって、賞状は「みんなより頑張った」という証。

自信につながり、自分から「また賞状ほしいから、頑張る！」と言うようになりました。私たち親にとっても、とてもうれしい賞でした。

多読賞をもらった娘は、以前にも増して意欲的に本を借りてくるようになりました。小学四年生になった今も、図書館通いは続いています。

寝る前の読み聞かせはなくなりましたが、娘は本が大好きで、気がつけば一人で本を読むようになりました。

徐々に本を読むのがスムーズになった娘ですが、ほかにもうれしい成長がありました。読み終わったあと、本の感想を言うようになったのです。

私は、娘がただ字を追って読み上げているだけだと思っていたのですが、いつの間にか、読みながら、ちゃんと内容を理解できるようになっていたのです。

自分の思いを話すことが苦手な娘の、この大きな進歩にうれしくなりました。

私は療育をする時、「今やっているることは、あとから効いてくる」と考えながらやっています。

地道に続けてきた本読みの習慣が、賞につながったことは、娘にとっても私にとっても自信につながり、「継続は力なり！」と確信できました。

私の考え方を変えるきっかけをくれ、最後には成長した姿を見せてくれる娘。

この感動は私にとって、ご褒美になっています。

自分で体調不良を伝えられるように

元気なの？　具合が悪いの？　さっぱり見分けがつかない娘

子どもの健康管理は親にとっては大切なこと。

今となっては、どこが痛いか、大丈夫か、大丈夫じゃないかなどを自分で言えるようになった娘ですが、言葉がまったく出ない三歳前までは、コミュニケーションがとれなくて、具合が悪いのかどうかがわかりにくく、体調管理にとても苦労しました。

二歳までの娘は、テンションの上がり下がりがあまりなく、元気なのか具合が悪いのか、周りが察することも、かなり難しい子でした。

さらに少食で、食欲の有無が体調不良かどうかの目安にならず、当時の私には、熱があるかどうかのみが娘の体調の判断基準でした。

三歳を過ぎ、少しずつ単語が言えるようになってからも、会話はまだまだ成立しませんでした。オウム返ししかできない娘は、「痛い？」と聞けば「いたい」と言い、「大丈夫？」と聞けば「だいじょうぶ」と言う状態。どういうふうに悪いのか、医師に病状を説明する前に、私が娘の症状を理解することができませんでした。

あーさん、二歳の時・・・
元気な時
体調が悪い時
違いが あまりわからない・・・
熱がない・・・ってことは元気なのかな？
元気・・・なんだよね？
……。
……。
あーさん、三歳の時・・・
大丈夫？
だいじょーぶ？
いたい？
痛い？
オウム返し～！
どこが、どう悪いのか さっぱりわからんっ!!

当時は、頻繁におでこや首を触ったり、体をこまめにチェックして、母親のカンをフル回転させて対応していました。

そんな娘も、少しずつ会話ができるようになり、体調が悪い時には、少しずつではありますが伝えられるようになっていきました。おなかが痛い時は、「なんだか、おなかが変」などと教えてくれるまでに。

しかし、抽象的な表現が苦手な娘は、「いつから?」「どんなふうに痛い?」と聞かれると、一瞬で固まって答えられなくなってしまいます。

それでも昔に比べたら、ずいぶんと伝えてくれるようになっていました。

娘の成長を感じた歯科での出来事

七歳になった、ある日のこと。娘は歯茎《はぐき》が腫れ、「ここプクーッとなってる」と私に痛みを訴えてきました。

歯科に行くと症状を聞かれたので、先生に私が説明しようとすると、娘はなんと私が話し出す前に、懸命《けんめい》に症状を伝え始めたのです。七歳にしては幼い口調でしたが、娘は自分なりの言い方で、持てる語彙《ごい》を駆使して説明していました。

先生は、その説明をゆっくり聞いてくれ、娘を褒めてくれました。

思っていた以上に、自分で伝えようとする力を身につけていた娘。その成長をとてもうれしく感じました。

会話やコミュニケーションは、私たち家族だけですべて教えることはできません。学校や習い事など、私の知らないところでいろいろな人とかかわってきた娘は、知らないうちに私の知らない成長をしていました。

歯科で・・・
普通のときは～痛くない！
ここが～歯磨きすると、ちょっとだけ痛くて～
三歳からお世話になっている歯科医の先生
上手な説明ありがとう！先生、とてもよくわかったよ～！

他人からの心ない一言。周りに振り回されないコツ

周りからかけられる言葉に、つい焦りそうに

小学校に入学すると、ほかの子との成長差が目立つようになり、「まだ作文書けないんだね～」「なんで言えないのかな～」「ちゃんと思ったことを言えるように、親が言い聞かせないとね～」などと周りから言われることが急に増えてきました。

この子を心配してくれているからこその、よかれと思っての発言だとはわかっていても、口を出されると、ちょっと困ってしまうことがあります。

娘は、言わない、やらないのではなく、どうしてもできないのです。こういった特性を持つ子は、言われたからできるようになるものではありません。

そんな時、私たち夫婦は、その場は笑顔で「そうですね〜」とかわして、あとからお互いの考えを改めて再確認しています。

今までも、時間をかけてできるようになったのだから、きっと時間はかかる……。それでも少しずつ、目に見えないぐらいのわずかな成長かもしれないけれど、毎日成長している。だから、数年かければ、きっと変わる……！

そう信じて療育を続けてきました。

とは言え、時々かけられる周りからの言葉は、やはり私の心に突き刺さり、傷つきます。焦ってはいけないと思いつつも、イライラし、流されそうになってしまうことが何度もありました。

そのたびに、私は自分にこう言い聞かせてきました。

「娘には娘のペースがある。私が焦っても、娘が早く成長するわけではない。私が娘を信じないで、どうする！　周りからの言葉に傷つき、悩む暇があったら、療育に時間をかけよう！　今できることをやろう！」と。

言われて傷ついた周囲の一言

よかれと思ってかけられる周りからの言葉……。言葉を発した人は、軽い気持ちだったかもしれませんが、次の四つの言葉に、私はとても傷つきました。

よかれと思っての言葉であることは、重々わかってはいるのですが、自分や療育を否定されたかのように感じ、「私のせいで娘はこうなってしまったのではないか……」と自分を追い詰めてしまったこともあります。

①周囲の人がかけてくれる「大丈夫よ！」
娘は二歳半を過ぎても二語文どころか、単語もほとんど話しませんでした。母子相談で娘の発育が引っかかり、私自身も何かおかしいと思い始めた頃、第三者から「大丈夫よ～」とよく声をかけられました。

きっと私が悩まないよう、よかれと思って言ってくれた言葉だと思います。しかし私は、「どうして……どんな根拠があって……大丈夫だと言えるんだ」と思ってしまいました。

②私の行動に対して「神経質じゃない？」
娘が自閉症スペクトラム障害だとわかり、一度は落ち込みましたが、何か動き出さなければと、発達支援センターや言語訓練などに行き始めた私。

そんな時、周りから「神経質じゃない？」「気にしすぎだよ」「障害があるなんて考えないほうがいい」と言われることが増えました。

わが子に「障害があるかもしれない」と言われた落ち込みから、自力で這《は》い上がり、「娘のため！」と動き始めた私にとって、この言葉は大変傷つく言葉でした。

「この子が今、何ができないかもちゃんとわかっていない、毎日この子を見ていない、そんな人に何がわかるんだ！」と、娘を理解できない人に娘を会わせたくない思いから、人とかかわることさえ嫌になったこともありました。

③アドバイスのつもりの「ちゃんと、〇〇してる？」

専門医に見てもらい、指導を受けていた私に、「ちゃんと絵本読んでる？　読んだほうがいいよ！」と言ってくる人もいましたが、娘はこの頃、本を読んであげても逃げてしまい、私の言うことを聞いてくれませんでした。

遊ぶ時も一人が好きで、私が一緒に遊ぼうとすると嫌がっていました。

娘は、ほかの子が喜びそうなことをしても喜ばない子でした。

娘に合ったやり方で、ゆっくりと療育を進めていた私にとって、人がよかれと思ってかけてくるこの言葉の数々は、ストレスになっていきました。

④経験値からくる「私の場合は…」

「私の子どもたちは、〇〇したら、ちゃんとしゃべれるようになったよ！」「私が預かったら話せるようになったりして！」などと言われることもありました。

それはまるで、私が育てているから娘はしゃべれないと言われているように聞こえました。そして、自分の子育て方法を否定されている気持ちになりました。

この子は大丈夫よ～！
なぜ、大丈夫と言い切れるんだ…
ちょっと神経質じゃない？
普段のあーさんを知らないのに、なんでそんなふうに言えるの…？
ちゃんと、絵本読んであげてる？
ちゃんと、一緒に遊んであげてる？
本、読もうとしても逃げるんだよ…
ちゃんとってなんだ…
もうやだ…

私のような人間は、きっと扱いにくいでしょう。こんなことを言う私に対して、周りの人は何と声をかけていいのかわからないと思います……。

私は、気休めの言葉も、よかれと思ったアドバイスもいりません。

ただ、私の現状と娘を認め、「頑張ってるね」「大変だね」と言ってほしいです。

頑張ってるんだね……ってわかってもらえたら、それだけで私は十分です。

『うさぎとかめ』の「かめ」でいよう

人間にはそれぞれ価値観があります。

自分と違う価値観の人がいることは、当たり前。

自分と違う考え方をする人を変えることは、なかなか難しいです。

私にとっては「心ない……」と受けとれる、その言葉に流されて傷つくことで、ここまで娘と頑張ってきた療育の軸をずらしてはいけない――。

周りからかけられる言葉に傷ついた時は、そう思い直して、ブレそうになる自分を元の位置に戻しています。

そして、その時いつも思い出すのは、『うさぎとかめ』の物語。

私は娘と〝かめ〟のようにゆっくり歩き、ほかの子があっという間に登ってしまう山を、周りから「遅いな～」と言われながらでも、少しずつ確実に登っていきたいなと思うのです。

周りと違ってもいい。ゆっくりでもいい。

家族一丸となって、この子が笑顔でいられる方法を選んでいきたいと思っています。

ママも一緒に、歩くからね～！
あ～っ！
ママも、カメさんついてる♡

◉監修者コラム

就学先を決定するにあたって四つの選択肢

就学前の情報収集とアドバイス

就学先やそれが決まるまでの道のりは一人ひとり異なりますが、就学先の決定は、この時期の親として最も悩ましい問題でしょう。

就学先の決定にあたっては、子どもの発達状態や適応能力だけでなく、就学予定や候補とする教室や学校の授業の様子、先生方のとりくみなど、実際に見学しながら情報を集めていくとよいでしょう。

とは言え、就学先を決めるにあたっては、親としてわからないことだらけで、助言を受けても、誰の言うことが正しいのかわからなくなってしまうこともよくあります。

特別なニーズのある子どもの就学先については、学校教育法で定められていて、文部科学省も通達や指針を出していますが、その解釈は自治体ごとに微妙に異なっており、専門家であってもそれぞれの地元ルールに戸惑うこともあります。

ここではまず、一般的な知識として説明したいと思います。

四つの就学先

主な就学先としてあげられるのは、次の四つ。

・通常学校の通常学級

国立、公立、私立小学校にある通常の学級のことです。一クラスの人数が多く（40名以下）、さまざまな子どもと触れ合うことができます。

・**通常学級（通級指導教室利用）**

比較的障害の程度が軽い子どもが、通常学級に在籍しながら、その子に合った小集団や個別の指導を受けられる学級のこと。

子どもは通常学級に在籍し、通級指導の時間だけ通級指導教室に移動して（通って）指導を受けます。

特別支援学級にいる場合は利用できません。

苦手な学習科目や、社会生活面で生じている困難さに応じて、通級指導での個別支援を受けることができるため、障害や困難の程度が軽かったり、特定のことだけに困難がある場合に有効です。

学校内に通級指導教室がない場合は、通級指導教室のある学校へ、通級指導の時間だけ保護者が子どもを連れて行ったり、教師や支援チームが該当児童のいる学校に訪問して、特定の時間を決めて指導する形式をとっています。

自校設置率は上がってきていますが、地域格差もあり、不足している地域もあります。

東京都では「特別支援教室」と呼ばれています。

・**特別支援学級**

通常学級や通級指導教室とは別に、障害のある子ども一人ひとりに応じた教育を行うため、小・中学校に設置された、障害種別ごとに編成された少人数の学級のこと。

少人数教育で（一学級の上限定員は八人）、子どもそれぞれのニーズに合わせた教育が受けられるようになっています。

必要に応じて、各学習科目の目標・内容を、その子どもの課題や獲得スキルの状況に適したものに変更・調整したり、個別の学習支援・生活支援を受けることができます。

また、「交流及び共同学習」という位置づけで、一部の授業や、給食や昼休みの時間、学校行事などに通常学級の子どもたちと一緒に参加する機会も設けられます。

特別支援学級も「情緒障害特別支援学級」「知的障害特別支援学級」など種別が分かれており、子どものニーズに応じて選択することになります。学校によってはどちらかの学級しかない場合もあるので見学の際には注意が必要です。

また、子どもの障害に合った学級が就学予定の学校にない場合、新設をお願いできる場合があります。自治体によって異なるので、学校や教育委員会に尋ねてみるとよいでしょう。

・特別支援学校

特別支援学校とは、心身に障害のある児童が通う学校で、幼稚部～高等部まで存在します。

二〇〇七年以前は「ろう学校」「盲学校」「養護学校」と分かれていましたが、学校教育法の改正に伴い、障害ごとに分けた学校ではなく、制度上はすべて特別支援学校になりました。

一クラス当たりの人数は平均で三人と少人数で、特別支援学校の教員の多くは、通常の教員免許に加えて、特別支援学校の教員免許を持っています。

専門家と言えど、就学先を勧めることは難しい

子どもの将来を決める大事な就学先。お子さんのIQが境界域にある場合は、さらに難しい選択になり、そんなに簡単には決められないという親御さんも多いことでしょう。

親だけでなく、主治医や専門家と言えども、子どもの状態だけを見て就学先を勧めることは困難です。

主治医や専門機関の支援者は、一般的な学校や特別支援教育の仕組みは知っていても、実際の学級の様子、つまり環境要因についての情報を知ることは困難であるからです。

主治医や支援者は、切羽詰まった親からの相談を受けることが多いと思いますが、特定の就学先を勧めることは基本的に避けるべきですし、非常に慎重に扱う必要があると思います。

主治医や専門家の一言は、保護者や周囲の支援者にとって、想定以上に重く受け止められることもあり、保護者の自己決定を阻害するリスクもあるからです。

就学相談においては、保護者の決定を支援するというスタンスで、保護者の選択肢となる学校や学級の仕組みについての一般的な情報提供をお願いしたり、親が実際に学校に足を運んで授業を見学したり、関連先との相談につながれるよう支援してもらうとよいでしょう。

多くの学校は、指定された見学日以外の時間でも親が希望すれば対応してもらえます。

できれば両親で見学されるようにすると、その後の話し合いもうまくいくと思います。

支援員は常に子どものそばにいてくれるわけではない

通常学級で、担任以外の加配の先生や支援員の先生がついてくださるかどうかは、多くの場合、入学前や学年の変わり目のタイミングでは一〇〇%保証されることはありません。各教育委員会で、加配や支援員の予算と定員があらかじめ決められているからです。

また、学期途中での突然の要請に柔軟に応えられるかといった点も同様に不確定要素です。

担任以外の加配の先生や支援員がついたとしても、四六時中自分の子どものそばで世話をしてくれるわけではないことも知っておく必要があります。

一日に一時間だけということもありますし、ほかの支援ニーズがある児童と同時に支援してもらう場合もあります。

担任以外の支援体制については、各学校の先生方と十分に話し合いをし、どのようなタイミングで、どのような支援が必要なのか、個別の教育支援計画に反映してもらったり、サポートブックを作るなどの準備が大切です。

特別支援学級を選ぶ時の注意点

たとえば特別支援学級を選択する場合、発達障害のある子どもであれば「情緒障害特別支援学級」、知的障害がある場合は「知的障害特別支援学級」に通わせるというのが一般的です。

一般的に情緒障害特別支援学級では、通常学級の学習とほぼ同レベルの内容が提供されます。

しかしIQが平均レベル以上ある子どもでも、教科の学習については、得意不得意のばらつきがあることが多いので、情緒障害特別支援学級においても、一人ひとりに合わせた配慮は行われます。

知的障害特別支援学級では、学習の遅れに合わせて、より多くの配慮がなされます。

特別支援学級に在籍する場合、「交流教育」と言って、特定の教科を通常学級で学ぶ仕組みがあります。

どの教科を通常学級で学ぶか、その割合をどの程度にするかは、教育委員会や学校によって考え方が異なります。ある学校では、実技教科のみと決まっていたり、別の学校では子どもに合わせて国語、算数などの教科も通常学級で受けるなど違いが出てきます。

そのほか、朝の会や終わりの会、掃除や給食などをどこで受けるかという問題もあります。

これらは学校の裁量になりますが、特別支援学級を選択肢とする場合は、見学の際に、学級の様子だけでなく、子どもに合わせた柔軟な対応をどの程度考慮してもらえるのか、特別支援学級担任教師や通常学級の担任教師、校長先生などと話をしてみるとよいでしょう。

第5章

悩みに悩んだ進級先

学校側との行き違いに気づいて

通常学級を選んだことを後悔するようになった私

娘の入学先を、迷った末に、通常学級に決めた私たち夫婦。

最初は順調だった通常学級での小学校生活も、入学後、だんだんと娘には合わなくなっていきました。

娘の学校での様子を実際に自分の目で見たり、先生から聞いたりして、通常学級を選択したことを徐々に後悔し始めるようになった私……。

夫も私の話を聞き、娘の学校生活を以前より気にかけるようになりました。

そんな時、今まで知らなかった情報が明らかになったのです。

ここからは、情報が把握できず、学校や行政と行き違いになったことへの後悔と、そこから学んだことをお話しします。

通級だけで大丈夫だろうか？　それとも…

私たち夫婦は、就学前の相談時、娘がこれから通う学校には「特別支援学級」がないため、支援が必要な時は、「通級」として支援用の通級指導教室に通うしか選択肢がないと聞いていました（※）。

もし娘に、通常学級での生活よりも特別支援学級が合っているなら、学校を転校してでも特別支援学級に通わせるべきだろうか……？

迷った私たちは、予約していた五月末の〝定期検診〟で、主治医に相談することにしました。

※自治体によっては、学校に特別支援学級がない場合、新たに設置してもらえることもあります。

学校での娘の現状、授業への遅れ、お友だちとのトラブル、私自身が感じる不安などをすべて話したところ、先生はこう言いました。

「お母さん、焦らないで。まだ五月だよ！　一年生になって数カ月だよ。もう少し様子を見ましょう！」

私は、すぐに結果を求めすぎていたのだろうか……。

娘は学校が楽しいと言っているし、やっぱり焦りすぎ……？

結論を決める前に、もう少し様子を見てもいいのかもしれない……。

そう思いながら定期検診を終え、六月の学校の個人面談で、今後の方針を担任の先生と話すことになりました。

個人面談で先生から聞いた衝撃の事実に動揺

個人面談で、担任の先生は「今後は三つの選択肢があります」と言いました。

三つ……？　思わず私が聞き返すと、

「通常学級。通常学級在籍で通級。特別支援学級在籍で通常学級に通う。この三つですね」と先生は答えました。

①通常学級

②通常学級在籍で、通級指導教室へ通級

③特別支援学級在籍で、一部の教科を通常学級で受ける

「……え？　特別支援学級……この学校にないんじゃ……」と、私が戸惑いながら言うと、「え？　特別支援学級ありますよ？」と先生は言いました。

そう……。実は、今通っている学校に、特別支援学級はあったのです！

「聞いた話と違う！　なんで!?」と、私は驚き、動揺しました。

しかし、同時に、「よかった！　この学校にも特別支援学級あるんだ。学校内での選択肢が増えた！」とホッとしました。

三つの選択肢を喜んだ私たちでしたが、内心、「もし入学前に、この三つの選択肢のことをしっかり知っていたら……」と、今さら後悔しても仕方ないのかもしれないですが、そんな気持ちでモヤモヤしてしまいました。

●通級指導教室

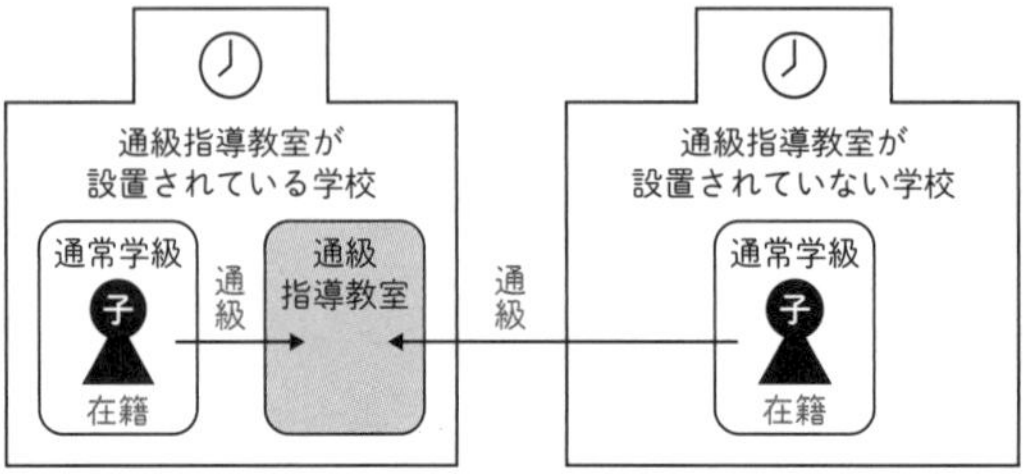

比較的障害が軽度な子が通う、通常学級とは異なる教室。通常学級に籍を置き、通級指導の時間のみ通級指導教室に通う。

●特別支援学級

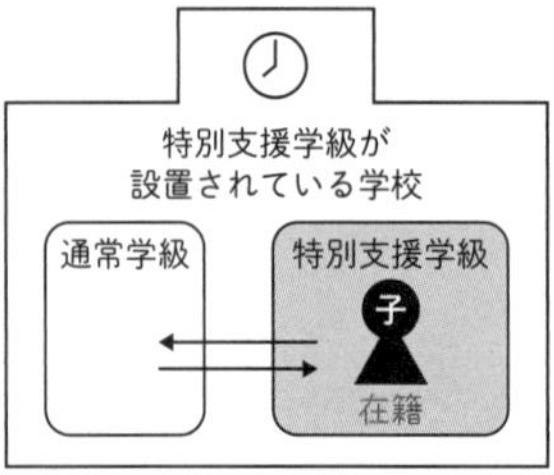

基本的には、特別支援学級で授業を受ける。ただし、一部の教科、たとえば音楽、体育、図工などの時間（子どもによって変わる）は、通常学級の子どもと一緒に遊ぶ交流教室も行われている。

●特別支援学校

通学する特別支援学校に籍を置く。

通級指導教室と特別支援学級・特別支援学校との違いについては、4章末のコラムでも詳しく解説しています。上記は発達ナビ編集部が作成した図をもとに作成。
（参考URL）https://h-navi.jp/column/article/35026326

そもそも、この行き違いはどこで生まれたか？

私たちは引越し前の就学相談の段階で、支援員の要請などの手続きをするため、引越し先の地区の行政に、事前に受けていた「就学前発達検査の結果」と「支援員要請書」の提出をしました。

その際に、小学校の支援体制の説明を受け、「(娘が通う予定の小学校には)特別支援学級がありません。通級のみですが大丈夫ですか？」と言われていたのです。

私たち夫婦はいろいろと悩んだ末、特別支援学級がないことを知ったうえで、家から一番近い小学校への入学を決めました。

その後、入学前に小学校の先生とお話をする機会はあったのですが、話の中で「通級」という言葉は出ても、「特別支援学級」という言葉は、私たちからも先生からも出ませんでした。

そのため、私たちはすっかり「特別支援学級」はないものと思っていたのです。

その上、あとからわかったことなのですが、学校側は最初、娘が「特別支援学級希望」だと聞いていたようです。

それなのに、入学直前になって「やはり通常学級で」と行政から言われたそうです。特別支援学級入学という認識で動いていた先生たちは、かなり慌てたとか。

私たちは、最初に受けた「特別支援学級はない」という説明を聞いて、「特別支援学級がないのであれば、通常学級しか選択肢もないし……。就学前の発達検査でも、平均値の範囲だったので、通常学級で」と言っただけなのです。その時は、これが行き違いを生むことになるとは、予想だにしていませんでした。

学校の先生方は、私たち親が急遽変更したことを不思議に思っていたようなのですが、「保護者が通常学級を（強く）希望している」と思ったのでしょう。

それもあってか、入学して数カ月間、「特別支援学級」の言葉が出なかったのかもしれません。その結果、行き違いが生まれたようなのです。

今となっては、なぜこんな行き違いが生まれたのか……詳しくはわかりません。

大切なわが子の進路。行き違いから学んだことは

今になって思うのは、娘の就学先を決めるにあたり次の三つは私たちの失敗でした。

・行政に頼りっきりでいたこと
・人から聞いた話を、確認もせずに信じ切ってしまったこと
・直接、自分で学校へ出向かなかったこと

ただでさえ初めてのことで、どういう手順で動いていいかわからないのに、娘の就

学直前に引越しをすることになったことで、通常より複雑な手続きになってしまいました。

そして、わからないからこそ、なるべく行政や就学相談の時に聞いて、その通りに動いたつもりだったのですが、結局行き違いが生まれてしまいました。

大切なわが子の進路。人任せにするのではなく、自分で動いて、きちんと重ねて確認する……。しつこいと思われるぐらいの確認でちょうどいいんだ。

この経験を通して、そう思いました。

私のような失敗は滅多にないことかもしれませんが、読者のみなさんが同じような失敗をなさらないよう、よくも悪くも参考にしていただけたらと思います。

娘の最善の進級先は？

娘の進級先、選択肢は増えたけど…みんなの意見が違う

娘の次年度の進級先について、選択肢が三つに増えたとわかった六月。選択肢が増えたことで、さらに悩みも増えてしまいました。

最初、この話を聞いた私は、今まで通常学級で過ごした娘の日々の様子や、授業での問題、お友だちとのトラブルなど、いろいろな出来事を踏まえ、「特別支援学級があるなら、特別支援学級に在籍して、一部の教科だけ通常学級で受けるのがいいんじゃないかな？」と考え始めていました。

しかし夫は、特別支援学級があったことを知っても、通常学級在籍で通級することを希望しました。

直前の定期検診で、大きな問題が見受けられなかったことも理由の一つでした。

娘が通常学級で学んでいることで成長している、そのことに大きな価値を感じていたのです。

一方で私は、このままではいけない、何かしらの支援は必要だと感じていました。

でも、夫がそう言うなら、通常学級在籍のまま、通級指導教室へ通級という選択のほうがいいのかもしれない……。

何が娘にとって最善か……。

娘のことを一番に考えると決めたのに、周りの意見を聞いているうちに、私はどんどん自分の選択ができなくなっていきました。

自分の思いと決断に自信がなかった私は、周りの考えとの間で揺れながら、無意識に周りの人たちの意見に流されていったのです。

進級の希望を伝えた面談で、担任の先生が話した言葉

後日、再び担任の先生との面談がありました。

三つの選択肢の中で、どれにするかを決める話し合いでした。

私は、周りと意見が分かれてしまい、モヤモヤしていた状態でしたが、「まだ考え中ですが、夫も通常学級を希望していますので、通常学級在籍で通級にしようかと考えています」と伝えました。

しかし、それを聞いた先生は無言……。そして、自分の経験談を話し始めました。

先生は、以前、支援がかなり必要と感じる子の担任をしたことがあったそうです。

その時、特別支援学級を勧めたものの、その子のご両親が通常学級を強く希望されて、お子さんは通常学級に通うことになったそうなのですが、「その子を見ながら、クラスのほかの子を見るのは本当に大変でした」とのこと。

先生が言わんとしていることは、つまり、その子のご両親が私たちと同じだということ……？　現場で実際に娘を見ている人の意見には、説得力がありました。

「私たちの考えは甘い。現実はもっと大変なんだ」と、暗に諭された気がしました。

私は、ショックな気持ちと、そうか……と納得するような複雑な感情になりました。

その日は結局、決定を保留にして帰宅。

帰宅した夫に、担任の先生から言われたことを報告しました。

夫は、「でも最終的に決めるのは、俺たち親だと思うよ。先生の意見はわかるけど、親の考えはしっかり言わないと。通常学級在籍のままでも、通級できるんだから」と言いました。

夫とも話して、今のところ…
正直まだ迷ってるけど…
「通常学級在籍で、通級」にしようかと思ってます。
……。
あれ？先生、無言？
あの～…
特別支援学級在籍でも十分ではないでしょうか？
……。
…そう…ですか…。

夫は、娘のコミュニケーション能力を上げるためには、少人数の支援学級より大人数の通常クラスのほうが多くの刺激を受けられると考えていたのです。

意見を聞けば聞くほどに決定できなくなって…

娘の将来を決める、大事な決定。娘にとって一番いい場所を探したい。

だからこそ、周りを気にして、決めてはいけない。

そのことを理解しつつも、このまま担任の先生の意見を無視して、通常学級に決定することは、先生に申し訳ないし、気まずい……と私は思ってしまいました。

しかし、結局のところ、私は周りに気を遣ったと言うより、自分の意見を押し通して、批判されるのが怖かったのです。

そんな私とは違い、娘のことを真剣に考え、揺るがない意志で進級についての意見を言う夫を見て、私は自分の弱さに嫌気がさしていました。

娘にとって、何がいいのか……。それがわからない状態で、私の頭は、どんどん混乱していきました。

結局、すぐに答えが出ることはなく、とりあえず進級についての最終決定の期限である九月まで、私たち夫婦は考えることにしました。

先生から言われた「宿題やらなくていいですよ」の一言

それから一カ月ほど経ち、修了式に、大荷物を抱える娘を迎えに行った七月のこと。担任の先生と、夏休みの宿題について話をしていた時、先生が言いました。

「宿題は無理して全部やらせなくていいですよ。暗記の宿題は、毎年クラスで数人しか覚えてこないんです。だから、娘さんはもうやらなくてもいいですよ」

私は娘がクラスのみんなと同じ宿題や課題をできるようにするため、今までいろいろなやり方で娘と頑張ってきました。

宿題も、やらなかったことは一度だってありません。

そんな思いでやってきていたこともあって、やる前に「やらなくていい」と言われて、とても悔しくなりました。

私は、こういう発言に傷ついてもいいのかな……？

悔しいと思う自分の気持ちを我慢しなければいけないのかな……？

「発達障害のある子を通常学級で見てもらっているんだもの、当たり前だよね」と思わなければならないのかな……？

しかし、悔しい気持ちと同時に、先生がよかれと思って言っているであろうことも理解できました。

私は、両方の感情が入り混ざって、ますます自分の気持ちがわからなくなってしまいました。

無意識に負い目を感じ、感情を抑え込んでいたのかも

一年生の時に娘を担当してくれた先生は、低学年担任の経験も多い、かなりのベテラン先生。同じクラスの保護者と話をしていても、この先生にかなりの信頼を寄せて

いることが伝わりました。

「お兄ちゃんが○○先生（娘の担任のベテラン先生）に担任してもらったよ。とってもいい先生だから、この子も見てもらえてうれしい！」という声を、数人の保護者から聞きました。

しかし、この先生は発達障害に関する知識があまりないようで、二言目には「よくわからないんです……」という発言が続き、そのことが私を不安にさせました。

発達障害のある子を持つ保護者の立場からすると、専門的な知識が少なくても、保護者からの相談事を親身になって聞いて一緒に悩んでくれたり、寄り添ってもらえると、安心できてうれしいものです。

「悪い先生ではない」ことがわかっていたからこそ、自分が違和感を感じるたび、「私がいちいち傷つきすぎるのかも」「どこの学校に行っても同じの対応のはず」……と自分に言い聞かせるようにしていました。

小学校に入学して、娘がいろいろな問題にぶつかるたびに、「これに傷つくくらいなら、そもそも通常学級は向いていないんじゃないか……」そう自問自答しながら、無意識に私は、自分の感情にブレーキをかけるようになっていました。

娘が小学校に入学してから、私は学校でよく謝っていました。

娘ができないことを先生から報告されるたび、「いつもすみません」「迷惑かけてすみません」と謝ってばかり。

手のかかる子を通常学級に入れているという申し訳なさがあったからです。

そう思いながらも、娘ができないのは娘のせいではない……。娘が悪くないことで、私は謝りたくない……。という思いがこみ上げてきました。

自分の抱いた感情を自分で抑えているせいで、感情の行き場がなくなり、必死にこの思いの行き場を探していました。

つきっきりじゃないと、自分で文章が書けなくて・・・
すみません・・・
ちょっとずつ練習させるので、長い目で見てください。

もう耐えられない…正直に気持ちを打ち明けてみた

担任の先生、家族の意見が違う中、当の本人である娘は、「通常学級がいいか、特別支援学級がいいか」「辛いのか、楽しいのか」について、はっきりと答えてはくれません。

それなのに、大人が進級先を決めていいのだろうか……。考えれば考えるほど、自分以外の人の話に耳を傾ければ傾けるほど、どちらを選べばいいのか、わからなくなりました。

そこで夫に、「このまま通常学級にいたら、私の頭と心が耐えられない……」と正直な気持ちを伝えました。

「わが子には、ありのままでいてほしい。通常学級よりも特別支援学級へ行ったほうが、ありのままでいられると思う。私も、後ろめたさを感じずに済むと思う……。結局、私の気持ちが優先になってしまってごめんね」と。

夫の正直な思いは、通常学級在籍だったと思います。

でも、夫は私の話を黙って聞いたあと、こう言いました。

「わかった。俺に謝ってどうするの。俺には謝るなよ。

たぶんおまえは、特別支援学級のほうが気持ちが軽くなると思う。あーさんと直接向き合って見てきたおまえが考えて『特別支援学級』と思うなら、そうなんだと思う。

いいよ、特別支援学級にしよう！」

こうしてようやく、二年生からの娘の進路が「特別支援学級」に決まったのでした。

完璧な正解なんてわからない。だからこそ親として…

娘の大事な進路を決めるにあたり、悩む時間は不可欠だったのかもしれません。周りの意見は大事だし、話し合いも必要です。悩まなければ、結論は出ない。

でも、周りを気にしすぎた結果、私は必要以上に悩んでいたような気がします。もっと自分の意見を大切にしていたら、もっと主張していたら、もっと周りに流されずにいたら、冷静に決められたのかな、とも思います。

周りの立場や思惑を気遣いすぎないようにして、わが子のために、自分が本当はどうしたいのかを大切にしたほうがよかったのかもしれません。

もちろん、この決断が正解だったのかはわかりません。今回の私たちの決定に「間違ってる！」と思う方もいらっしゃるでしょう。

でも、何を選んでも、反対意見はある。みんなが「それでいい！」と言う決定はないのではないかと思います。

そして、選んだ答えが正解か不正解かがわかるのは、もっとずーっと先なのではないでしょうか。

ひとまずは、親が必死に考えた決断が、現状では最善なのです。

もし、この先、「あぁ、あの時、間違ったな～」と思えば、そこから切り替えていけばいい。

今も、これからも、最善の方法を娘のために探していく。それが決断をした私の、私たち夫婦の、親としての役目かなと思います。

自分の意見は、しっかり持って・・・
周りの意見を見る！
娘が笑顔で楽しく過ごせる場所に・・・。
じーっ・・・
通常学級でできる限り頑張らせるべき。
特別支援学級でもコミュニケーションは学べる。
子どものペースを大事にするべき。
知的障害はないから、通常学級でいい。

主治医に診断書を頼みに

主治医に娘の進級先を報告

私たち夫婦は悩んだ末、娘の次年度からの進級先を特別支援学級にすることに決めました。

特別支援学級に進級するためには、主治医に診断書を書いてもらう必要があります。そこで、定期検診時、「ＷＩＳＣ」という知能検査の結果を聞かせてもらうついでに、主治医にお願いすることにしました。

検査の結果、娘のＩＱは凸凹《でこぼこ》はあるものの、すべて平均点内で、総合ＩＱは90。知的な遅れはありませんでした。

主治医はこの検査結果を見て、

「項目によって凸凹が多いのは、こういう子たちの特徴だから。知的な遅れはないですよ。前より、実年齢と比べて激しい遅れもなくなっている。言語が苦手なだけで、今から少しずつ成長していきますよ。成長のスピードも個性だよね！」

と、いつものようにニコニコ。

検診のたび、娘に適切な支援方法をアドバイスしてくれていた主治医。

私は思い切って主治医に、今まで学校で起きたことや、自分の今の思いと合わせて、「実は、今の学校に特別支援学級があったことがわかり、二年生から特別支援学級に行くことにしました」と事情を説明しました。

それを聞いた主治医は、こう答えました。

「特別支援学級のほうが、もしかしたら娘さんにぴったりの先生がいるかもしれない。特別支援学級と通常学級のいいとこどりをしちゃいましょうよ！　そう考えると、ほかの子より手厚いサービスが受けられますね！」

主治医は私が下した決定を後押しする言葉をくれて、娘が特別支援学級に行けるように、診断書を書いてくれました。

大切にしたい親としての正直な気持ち

進学先、進級先を決めるうえで、主治医の判断、担任のアドバイスというものはなくてはならないものです。もちろん、専門知識を持った先生ですから、その判断は専門的に見れば正しいのでしょう。

でも、主治医、担任の先生、周りの

人、それぞれのアドバイスは、絶対ではありません。絶対に正しい判断はないからこそ、そのアドバイスや思いを聞いて、保護者が悩みながらも判断し、決定する。

それこそが絶対に大切にすべきことだと、今回の娘の進級先を決めた経験から気づいたのでした。

特別支援学級に通い始めた娘

小二からは特別支援学級へ

小学二年生から特別支援学級への転籍が決定した娘。

特別支援学級在籍のための手続きが無事終わったのは九月。あとは、来年の三月頃に教育委員会から最終決定の書面が届くのを待つのみとなりました。

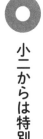

そして来春からの環境に慣れるため、娘は一〇月から一日一時間だけ、特別支援学級へ通い始めることになりました。

この時、娘には、「静かに、ゆっくり勉強できるように、来年から特別支援学級の教室へ通うことにしよう」と、さらっと説明しました。

娘は、特別支援学級に行くことをすんなり受け入れてくれました。

特別支援学級の慣らしが始まり、初日から「楽しい」という娘の言葉を聞くことができました。

「よかった……」と安心はしたものの、肝心の雰囲気、授業や勉強のやり方、周りの様子など、特別支援学級での授業の様子が親としては気になります。

そこで娘に聞いてみたところ、うまく説明してくれず、「わかんな〜い」「忘れた〜」としか言いません。

状況がよくわからず気になった私は、学校の先生に、特別支援学級の授業の様子を見学したいとお願いしました。

学校側と都合がなかなか合わず、年が明けた一月、ようやく念願の見学ができることになりました。

そこで私たち夫婦が見たのは、娘の思いがけない表情だったのです。

特別支援学級での国語の授業を見学

見学する授業の教科は選ぶことができたので、私たちは娘が苦手とする、国語の授業を見学することにしました。

娘が座る机の前に、特別支援学級の先生が座り、まるで家庭教師のような状態。本読みをする時は、先生がそばにいてくれるようです。

授業中、先生は娘が読むことに疲れ、集中が切れてしまったと感じると、深呼吸させたり、背伸びをさせたり、気分転換させてくれました。

この日のメインは調べものの授業。通常学級で後日やるお題選びを、特別支援学級で決めておく、というものでした。

娘は、選択が苦手。自分が興味のないことだとなおさら……。とりあえず何でもいいから決める、ということがなかなかできません。

この時も、いくつかの選択肢を出されて、先生から「この中でどれにする?」と言われた娘は、案の定、なかなか選ぶことができませんでした。

娘は、「ちょっと考える……」と言ったまま固まってしまいました。

親としては、見ていてなんとも歯がゆい感じ……。

しかし、先生は娘を焦らせることなく待ちます。

「どうするのかな」と思いながら見ていると、しばらく待った先生はお題の中から二つ選んで、娘に聞きました。

先生は、常に娘に二択を与えて選ばせました。二択に絞られたことで、娘はすんなり決めることができ、最後に残った一つにお題が決まりました。

「これなら娘も選びやすい！」

娘に合わせてくれたこのやり方に、私は感動しました。

はじめは不安がありましたが、特別支援学級の見学をしたことで、抱いていた不安は一気に吹き飛びました。ここでいい！　いや……ここがいい！　ここで学んだら、娘も伸びるかもしれない！　不安が希望に変わりました。

特別支援学級は娘の「できる」が増える場所

娘は先生の指示通りに動くことは得意ですが、大勢に向けられた一斉指示通りに動くことは苦手です。通常学級に在籍していた一年生の時、先生から出されるクラス全員への一斉指示を、自分への指示だと捉えられず聞き逃してしまうことがありました。

特別支援学級では、先生が自分の目を見て話してくれるので、聞き逃すこともなく、きちんと指示通り動くことができるようです。

宿題の丸つけの時・・・
なんで×つけるの!?
え・・・? だって、間違ってるから・・・
やだぁぁ～! 消して～! ×消してぇぇぇ!
わかった! もうつけないよ! ×つけない!
くしゃ
・・・ということで、×がつくのは、嫌な気分になるそうで・・・
わかりました～!
教室でも、間違ってるところは、×をつけないようにしますね!
⑤と⑧が、違ってるから、もう一回考えてみてくれる?
×してないからね～
は～い!

また、こだわりの強い娘は、不快なことやできないことが人より多く出てきます。

そんなこだわりも、特別支援学級では「問題」ではなく「個性」と受け止めてもらえます。娘が不快と感じることを、無理やりやらせることもありません。

とは言え、娘の要求をすべて受け入れるのではなく、どうしたら納得できるのかを娘自身に聞き、提案するなど、探りながら進めてくれます。

特別支援学級で授業のやり方を変えてもらったことにより、娘もできることが次第に増えていきました。その成功体験が、娘の自信につながっているようです。

娘にとって特別支援学級は、「できない」を「できる」に変えられる場所でした。


小学二年生だった当時、特別支援学級には数名いましたが、低学年は娘だけでした。この時は、ほかの学年の子との授業の関係上、先生と一対一の時間が多くありました。

三年生になると、年下の子が入ってきて人数が増え、にぎやかになり、四年生になった現在、娘は特別支援学級の児童の中で一番年上になりました。

小学二、三年生の時の特別支援学級の担任は、見学時に担当してくれた先生でしたが、四年生になった今は、違う先生になっています。

特別支援学級と通常学級の担任同士は、連携を常にとってくれるので、親も子どもも安心していられます。

小学一年生の時、あんなに迷った進級先でしたが、私の選択は、今のところいい方向に行っているような気がしています。

支援級への転籍を娘に説明

なぜ特別支援学級に行くのかを娘に説明することに

これから娘を本格的に特別支援学級に通わせようという時、私と夫は、娘がさまざまな変化に戸惑わないよう、これから特別支援学級で学ぶことになったことを娘に説明することにしました。

小学一年生の一〇月、慣らしのために特別支援学級へ行くと決まった時は、一日一時間だったこともあり、簡単な説明で済ませていました。

その時は、娘も深く考えていないような、あっさりとした返事でした。

しかし二年生からは、「自分のクラス」が特別支援学級になります。

いろいろな変化で娘が戸惑うかもしれない……。

ちゃんと理解することは難しいとは思いますが、私は娘に、なぜ特別支援学級に行くのかを丁寧に説明しようと決めました。

「こんな時、あるよね？」娘に説明してみた

そこで私は娘に、こんなふうに話をしました。
私「あーさんは二年生になったら、国語と算数の時間は全部、『特別支援学級』でお勉強することになりました」
娘「え？　ずっと？　なんで？」
私「あーさんはさ、『早くやって〜』って言われても、できない時あるよね？　もっとゆっくりやりたいな〜って思う時、あるよね？」
娘「ある〜！！」

私「あーさんが『ゆっくりやりたいなー』って思う時に、みんなが早かったら『どうしよう！　どうしよう！』ってなっちゃうでしょ？」

娘「うん……、はやいは、むずかしい」

私「だから～、国語と算数は『支援クラス（特別支援学級）』でお勉強したほうが、あーさんの好きな〝ゆっくり〟で楽しくお勉強できるかな～と思ったの」

娘「そっか！　わかった！　ありがとう、ママ！」

私「（なんとなくわかっただろうか……）」

新学期初日の感想はまさかの…？

いよいよ特別支援学級での新学期がスタート。心配しながらも、二年生になる初日の朝、娘を送り出しました。

この日、私は放課後、娘を学校まで迎えに行きました。通常学級のホームルームと、特別支援学級のホームルームを終え、出てきた娘は、ちょっと疲れているように見えました。

初日の感想を聞くと、「私、二つも教室があってすごいんだよ！」とニコニコして答える娘。なんとも前向きなその考え方に、私は脱帽しました。

娘は小学四年生になった今も、国語と算数の授業を特別支援学級で受け、ほかの時間は通常学級で過ごしています。本人も「国語と算数は特別支援学級」という流れをきちんと把握し、時間になれば、誰に言われるでもなく教科書を持ってクラスを移動します。

変化に対して柔軟に対応できている様子に、私も一安心です。

すごいんだよ！
私だけ、教室が二つあるの！
机も二つ！
すごいね～！
よかったね♡
そう来たか！

娘に伝えたい「特別支援学級にいる意味」より大切なこと

私たちが、迷いに迷って決めた特別支援学級という選択。

実は、娘に受け入れてもらえないんじゃないかと心配もしていました。

しかし娘は、私の予想以上に特別支援学級をすんなり受け入れてくれ、なじんでくれています。

おそらく娘は、特別支援学級にいる意味を完全には理解していないと思います。

なぜここにいるのか、自分は何が苦手なのか……。

自分の特性や苦手を知るうえで、親としては将来的に、ある程度、娘に理解してほしいと思っています。

特別支援学級は、学校に来ている多くの子どもたちは通わないけれど、娘が成長する過程で必要な場所であること。そして、ここが後ろめたく思う場所ではないということも……。

ちゃんとわかるのは今じゃなくていい。伝えたいのは「この場所にいる意味」よりも大切な、「娘に合う場所で〝マイペースに、ゆっくり頑張ろう〟」ということ。

娘が、自分らしく頑張れるように、引き続きサポートしていきたいと思います。

転級時の親族やママ友への説明

小学校の途中で転級するにあたり、両家の両親や、親しいママ友に、私は改めて説明することにしました。いろいろな伝え方があるかと思うのですが、わが家で行った方法をご参考までに紹介します。

・両親への報告

私の両親へは、私から「本人が楽しいほうがいいと思って、特別支援学級にしたよ」と事後報告しました。

以前から、私が障害について必死に学び、両親が知らない知識を話して聞かせていたこともあって、二人とも娘の障害特性を理解してくれているので、両親は「いいと思うよ」と言ってくれました。

義理の両親へも事後報告しました。こちらは完全に、夫に委ねました。

この時の両親のリアクションについては、あえて聞きませんでした。何を言われたのかを聞いてしまうと、その内容が否定的なものだったら、自分の決意が揺らぐかもしれず、また考え込んで無限ループにはまってしまいそうで怖かったからです。

当時のことを夫に改めて聞いてみたところ、両親へは夫の口から、娘の育児・性格の特性について、要点をなるべくまとめて簡潔に説明したそうです。

時々、両親から娘の育児に関して助言をもらうことがあるそうなのですが、夫は、私が障害について一番勉強し、知識があると思ってくれているそうなので、私の考えを第一優先にしてくれています。

不安になりがちな私にも、時々「おまえが一番知識がある」ということを言葉で伝えて安心させてくれます。

・ママ友への報告

親しいママ友に対しては、世間話のついでに明るくさらっと「特別支援学級にしたよ～」と伝えました。

ＬＩＮＥで「二年生からは、特別支援学級になったけど、引き続きよろしく〜！」みたいな感じで報告した人もいます。

基本的に、親しいママ友は、みんな娘のことを好きでいてくれますし、否定的なことは言わない人たちなので、話す時に怖いとか、ドキドキという気持ちはありませんでした。

「そうなんだ〜！　どこにいてもあーさんは、あーさんだもんね！」と言ってくれた人もいました。

転級のゴタゴタを労《ねぎら》ってくれ、「大変だったね〜頑張ったね！」と言ってくれる人もいました。

理解ある人たちと親しくさせていただいているおかげで、私も前向きに過ごすことができています。

監修者コラム

転級時の注意点

学級を途中で変わることができるの?

小・中学校の途中で、通常学級から特別支援学級に移ることや、特別支援学級から通常学級に移ることも可能です。

また、特別支援学校から特別支援学級に移ったり、特別支援学級から特別支援学校に移ったりすることも可能です。

多くは地域の就学支援委員会で審議されたあと決定となりますが、合理的な理由が必要となります。

場合によっては、医師や専門機関からの意見書などが必要となる場合もあります。

学年の途中の移動は、転居以外は難しいこともあります。学校や教育委員会に問い合わせてみてください。

転級・転校時の注意点

学級や学校を移る場合、本人の意思やその前提となる体験や説明が大切です。

「体験→説明」か「説明→体験」か。

どちらの順番がよいのか悩ましいところですが、個々の子どもによって選択すべきでしょう。

たとえば、先入観が強い子どもの場合、実際にどんなところかを子どもが体験できる機会を設定し、実際にそこで何度か授業に参加し、体験したうえで、メリットやデメリット、朝はどちらの教室に入るのか、授業、係活動、掃除、行事などはどちらの所属で受けるのか、などの仕組みを説明するという具合です。

本人の意思決定は、そうした体験やわかりやすい説明のあとになされることが望ましいと思います。

本人の意思決定は、その後の学級適応にも大きく影響してきます。

第６章

放課後等デイサービスの利用

放課後等デイサービスを利用するのは甘えなの？

娘の成長とともに、変わってきた親子関係

小学二年生になってから、私への反抗が強くなってきた娘。少しずつ、少しずつ、私たち親子の関係は悪くなっていきました。

日常生活のいくつかのシーンで、険悪ムードになることもしばしば……。

これが娘の成長から来るものだとわかってはいました。私の指示にただ従うのではなく、自分で考えるようになってきたことで、「私はこうしたいのに……」というような自我が出てきたんだ、と。それもあって、宿題や片づけに関しては、無理強いす

ることはない、と捉えていました。

でも、その反抗は、わが家の「療育」にも影響を及ぼすようになってきたのです。

忘れられないあの日のできごと

ある日、宿題の間違いを正そうとしない娘に、その気持ちを聞こうと試みたところ、

宿題中・・・
あーさん、ここ間違ってるよ
ママが言うから間違えた～！
え～・・・ママ、今、初めて言ったよ？
少し注意した時・・・
あーさん、お部屋片づいてないよ～
……。
険悪ムード
もぉ！
え～・・・何なの⁉
あーさん、ちょっと座ってごらん。ママとお話ししよう！
いや！
無理！
え・・・

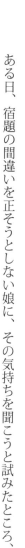

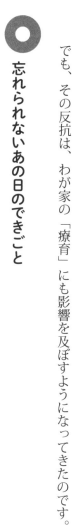

私と面と向かって座ることすら嫌がり、私の言葉に耳を傾けてくれませんでした。

「無理に話しかけてもよくない。しばらく一人にしておこう……」

そう思った私は、不機嫌な娘のそばで息子の相手をしていました。

すると娘は、楽しく過ごす私と息子のやりとりに腹を立て、「ママはきーさん（弟）ばっかり！」「私をかわいがっていない！」と叫びました。

「私をかわいがっていない」という言葉は、私の心に突き刺さりました。

「それは違うよ！　ママは、あーさんのこと大事だよ」と、すかさずフォローしてくれた夫。
しかし私は、娘の言葉がショックすぎて、放心状態でした。
その日から、私の悩める日々が始まりました。
この「療育」の日々は、私の独りよがりなのだろうか……。
娘にとってはありがた迷惑なのだろうか……。
今まで歩んできた日々が、全部否定された気がしました。
それから、私と娘の関係は、少しぎこちなくなりました。

私が出合った、ある一つのきっかけ

そんな時、私は発達障害が気になる子どもの親向けポータルサイト「発達ナビ」で、シュウママさんのコラムを読みました。「自閉症長男を預けてラクしていいの？ 放課後等デイが母に教えてくれた『前向きな理由』」というものです（https://h-navi.jp/column/article/35027198）。

シュウママさんは悩み考えられた末、当時六歳の息子さんを放課後等デイサービスに預ける選択をされていました。

このコラムを読むまでは、「娘は私が見なければ！」「預けるなんて、そんなラクをしてはいけない！」と思っていました。

しかし、コラムにあった「預けることで、母親は子どもに対して、心にゆとりを持って接することができる」という文章を見てハッとしました。

私は、当時も現在も在宅で仕事をし、娘を学校に通わせながら、息子を保育園に預けています。普段、娘の帰宅後は、宿題を見ながら仕事をし、それから息子を保育園に迎えに行きます。

思い返せば、娘と衝突することが多いのは、娘の帰宅後の時間。

確かに常にバタバタしていて、余裕を持って娘に接していなかったかもしれません。

「娘を預けることで心にゆとりが生まれたら、今の関係も変わるかな……？」

そんな気持ちにもなりましたが、それでもやはり放課後等デイサービスに頼っていいのかわからず、「いや、今の状況でも私はラクなほうだ！」と思い直し、できる限り余裕を持てるように仕事や家事のやり方を試行錯誤してみました。

　しかし、どうしてもスムーズにいきません。私の一日はいくら時間があっても足りませんでした。

夫に話すと意外な反応が

　迷った私は、夫に「放課後等デイサービス」について相談しました。

　すると、夫は即答で賛成し、「あーさんが俺たちのいないところで、いろいろな人とかかわりながら学んでいる

ママ～おしっこ～
はいはい！
スムーズに・・・
スムーズに・・・
スムーズ、無理だ！

ステップに来てるんだよ」と言いました。

「いつまでも一人で見るのはきついだろ？」「おまえが笑っているほうが、子どもたちはうれしいに決まってる」「親離れ、子離れに、ちょうどいいタイミングなんじゃない？」とも。

この一番身近な人の言葉は、私の背中を押してくれました。

私が「自分がラクをしていいのか」という自分基準で考えていたことを、夫は〝娘の成長〟を基準にして考え直し、賛成してくれたのです。

きっと夫は、娘の成長のことも、私と娘の関係がうまくいっていないことも、私の悩みも、さまざまなことに思いをめぐらしたうえで、そう言ってくれたのでしょう。

「娘基準で考えたらいい」

そう思えた時、私の罪悪感は消え、「放課後等デイサービス」の利用へと、動き出す決意ができました。

次項では、放課後等デイサービスを利用するまでのことと、実際に利用してみてどうだったのかについて、紹介したいと思います。

ついに放課後デイ・デビュー

放課後等デイサービスの話をした時の、娘の反応は？

悩み抜いた末に、夫の一言で利用を決めた放課後等デイサービス。

小学校選びの時の失敗から学んだ私は、今回、一味違いました！

小学校への入学時、電話だけの対応や、人から聞いた情報だけで動いた結果、行き違いを経験した私。

今回は同じ間違いをしないためにも、利用を決めた翌日に役場へ電話し、直接、役場の担当者へ会いに行くことに。

すると、娘が放課後等デイサービスを利用できることがわかりました。

放課後等デイサービスの施設の様子も、一人で見に行きました。事前に、どんなことをするのかや、先生の雰囲気も確認しました。


手続きを始める前に、私は娘に話しました。

「学校が終わったあとに、もう一つ学校に行けるんだけど、どうする？　そこでは宿題したり、言葉の勉強をしたり、おやつを食べたり、新しいお友だちと遊んだりできるよー」

すると娘は、「新しいお友だち!?

行く〜っ！」と前向きな反応を示しました。

娘の前向きな言葉に、私の気持ちも固まり、それから申請、診断書、家庭訪問、面談……と慌ただしく動きました。

そして、手続きのために動き始めて三週間ほどで、放課後等デイサービスの利用に必要な「受給者証（※）」を取得することができました。

放課後等デイサービスの話を聞いてからというもの、早く行きたくて仕方のない娘。「ねぇ〜ママ〜、もう一つの学校、いつから行けるの〜？」と、何度もデイサービスのことを聞いてくるようになり、楽しみにしている気持ちが伝わってきました。

そんな時、役場の担当者から連絡がありました。受給者証の取得前でしたが、見学できるという話を聞き、私は娘を連れてデイサービスの事業所へ見学に行きました。

※受給者証…福祉サービスを利用するために市町村自治体から交付される証明書のこと。「福祉サービス」を受けるためのものと「医療」を受けるための二種類がある。

緊張の教室見学！　でも心配はいらなかったようで…

見学に行くと、部屋には四、五人の子どもたちがいました。学年はバラバラでした。親の心配をよそに、娘はわくわくした表情で教室の中に入っていきました。そして、「私も一緒に遊んでもいいですか？」と周りの子どもたちに声をかけ、スッと中に入り、一瞬でその場に馴染んでしまいました。

先生からも「なんだか前からいるみたい。初めてとは思えない」と言われました。その後、娘は教室内を確認するように、おもちゃや絵本を見ながら過ごし、帰る時、この場所に通えることを喜んでくれました。

さらには、「行けるようにお話ししてくれて、ママ、ありがとう！」と、とても感謝してくれました。その言葉を聞いて、罪悪感なんて感じる必要はなかったんだ……と心が晴れた気持ちになりました。

放課後等デイサービスは、とてもアットホームな雰囲気で、療育施設と言うよりは、クラブ活動のような感じでした。

特別支援学校に在籍している子もいるので、障害の種類もさまざま。そこではみんなが個性的。みんなが特別だから、誰も特別ではありません。

ここで過ごすことができたら、娘も個性豊かなお友だちとのコミュニケーションを楽しく学べるのではないか、そう感じました。

手続き、見学を終え、無事に通所受給者証も発行され、週五日、学校のあと、放課後等デイサービスに通い始めた娘。

夕方の六時まで放課後等デイサービスで過ごしています。

小学校が終わったら、デイサービスの先生が学校まで娘を迎えに行ってくれるので、迎えに行く時間まで、私は仕事に集中できます。

「娘を手放したくない」という自分の思いに気づいて

デイサービスに通い始めた娘は本当に楽しそうでした。

放課後等デイサービスからの帰り道、「学校と、どちらが楽しい？」と娘に聞いてみました。すると、「デイサービスが楽しすぎる〜！」と、楽しかったアピールが止まりません。

娘はここで過ごす時間が本当に楽しいようで、ちょっと早く迎えに行くと、私の顔を見て「え〜！　もう来たの!?　早い！」と、がっかりするほどです（笑）。

私の見えないところで、話して感じて、私がいなくても、娘は自分だけで人間関係を作り上げていました。

そのことをうれしく思う反面、私には、できるだけ長く娘と過ごしたいという思いがありました。

「宿題も自分で教えてあげたい……」「療育も自分でやりたい……」

しかし娘がだんだん成長していくにつれて、私と過ごす時間よりも、お友だちや先生と過ごす時間が多くなっていきます。私は、それを寂しいと感じ始めていたのです。

でも、楽しそうな娘の姿を目の当たりにして、私の「娘と長く過ごしたい」「いつまでも私のそばから手放したくない」という思いからは、もう卒業しないといけないんだと気づきました。

娘との会話に変化が！

娘がデイサービスを利用するようになってから、娘と一緒にいる時間は短くなりましたが、帰宅した娘との会話に変化が生まれました。

以前は「〇〇やった？」「早くしてね！」など急かすような声かけが多かったのですが、今は「今日は学校どうだった？　デイサービスは楽しかった？」という、娘の話を聞く声かけに変わりました。

放課後等デイサービスで宿題を済ませて来てくれるので、私がバタバタ宿題をチェックする必要もありません（※）。

ゆっくりと娘の話を聞ける余裕が生まれ、娘の話を聞いて笑ったり、「今日はこんなことがあったよ〜」とお互いに報告したりしています。

相手のことを聞いたり、気にかけたりできるようになった姿に、娘の成長を感じています。

私は当初、放課後等デイサービスを利用することに罪悪感を勝手に感じていました。

でも、実際に娘を通わせるようになってからは、子どもを放課後等デイサービスに任せて見てもらうというのは、母親がラクをするためのものではないとわかりました。

子どもが、親以外の人とのコミュニケーションを学んだり、必要なスキルを身につけることができる大切な機会、将来のために必要なプロセスなのだと、今は思います。

親基準ではなく、子ども基準で考えることが大切だったのです。

今回のことで、一番成長できたのは私かもしれません。

※すべての放課後等デイサービスで、宿題をしたり、宿題を見てもらえるわけではなく、さまざまなタイプがありますので、子どもに合わせて選ぶことが大切です。

宿題がキャパオーバーで情緒不安定に！

小学一年生、最初は順調

小学校に入学してから、毎日出るようになった宿題。

小学一年生の時に通常学級から出された宿題は、ひらがなやたし算などの簡単に解ける内容で、量も少なく、帰宅後に宿題の時間をとり、横について見るというやり方で何とかなっていました。簡単だったと言うこともあって、娘にも達成感があり、自分から進んで宿題にとりくみ、楽しそうにこなしていました。

しかし一年生も後半になると、徐々に内容が難しくなってきました。

音読とプリント二枚に、自主学習が一ページなど、宿題の量も増え始めました。

それでも娘は頑張って、みんなと同じ量の宿題を全部終わらせ、必ず提出していました。

小学二年生、宿題へのやる気がダウン

小学二年生になり、娘は特別支援学級の在籍になりました。

宿題はこれまで通り、通常学級のみんなと同じ内容で同じ量をやっていましたが、だんだんと今までのように短

小学二年生になると・・・
字が・・・どんどん汚くなる・・・
あーさん、大丈夫だから。ゆっくり書いてごらん。
終わらないよ！私ずっとやってるのに！
いろいろ言わないで！

時間では終わらなくなり、娘の宿題に対するやる気も少しずつ減っていきました。

答えの間違いを指摘されるとイライラして、わざと汚い字を書いたり、娘の自我の成長も重なってか、間違ったのを私のせいにしたり、解けないことで癇癪を起こしたりするようになりました。

次第に母娘関係が悪くなり、悩み始めたこの頃、娘は放課後等デイサービスに通所し始めました。

小学三年生。「宿題」が終わらず遊べずパニックに

放課後等デイサービスに通い始めてからは、宿題のほとんどを施設で終わらせてくるようになった娘。私は穏やかに家で過ごす娘を見て、安心していました。

しかし、小学三年生を迎え、しばらくした頃から、宿題の量はさらに増え、かかる時間もどんどん増えていきました。

宿題の量に疑問を抱いたことも多々あり、周りのママ友に確認してみても、みんなきちんとこなしているようで、宿題が多いと感じているのは自分だけだと知りました。

「もっと娘にも頑張らせなければいけないのか……」と焦りを感じましたが、私が焦っても娘は変わりません。娘の宿題にとりくむ姿勢は、どんどん悪化していきました。

さらに週に二回、六時間目まで授業が入るようになったことで、六時間目がある日は、放課後等デイサービスで一時間半しか過ごすことができなくなりました。

そして、滞在時間のほとんどを宿題をして過ごさなければならなくなり、遊べる時間がとれないことが、娘にとってさらなるストレスになっていきました。

放課後等デイサービスの先生からは、宿題が終わらず遊べないことで、娘がパニックを起こしていることを告げられました。

何とかしてあげたいと思った私は、迎えに行く時間を少し遅らせ、遊び時間を確保できるようにしてみましたが、それも一〇～一五分が限界で、解決にはなりませんでした。帰りは、不機嫌な娘をなだめながら車に乗せるということが続きました。

その頃から娘は、毎朝学校へ行く前に、その日の宿題を気にかけるようになりました。朝から私に「今日、宿題全部しないとダメ？」と尋ねるのです。

私が「半分にする？」と聞くと、娘は全部やらないことが気になってしまうようで、「やっぱり全部やる！」と言います。

頑張っても宿題が終わらない、放課後等デイサービスでの時間も楽しく過ごせない状況が続くと、娘はストレスから不安定になり、日常のちょっとしたことでも泣き出すようになりました。

このままではいけない！　しかし、どうするべきか……。

私は決められず悩んでいました。

変えるべきは、量ではなく、やり方

六時間目まである日は、放課後等デイサービスで必ずパニックになる娘。

娘の様子を見ながら、あることが私の頭に浮かんでいました。

それは「宿題を減らしてもらう」ということでした。

しかし、宿題の量を減らすと、後々ついていくのが余計きつくなる……。

親としては、それは最終手段にしたいと考えていた私たち夫婦。

もっとほかに方法がないだろうか？

内容はしっかり理解している。落ち着いてやれば、ちゃんとできる。

変えるのは量ではなくて、サポートのほうかもしれない。

みんなと同じ量を、みんなと違う方法でこなせるようにできないだろうか。


私は、ある方法を思いつきました。

さっそく、特別支援学級の先生と通常学級の先生にお願いし、話し合いの場を設けてもらい、娘が六時間目まである日の宿題を量的にこなすのが辛くなっていて、メンタル的にも不安定になっていることを伝えました。

先生たちは驚いていました。毎日きちんと宿題をやってきているからか、娘が苦しんでいることに気がつかなかったそうです。

〝甘やかし〟と捉えられるかな……と心配しつつも、

「娘にとって、放課後等デイサービスで遊ぶ時間は、心の安定にとても重要です。だから娘の精神面のために、宿題を減らすのではなく、一日にやる宿題の量を変えたいんです。週に二日、宿題を、こちらで調整させてもらえないでしょうか。

残ってしまった宿題は、週末にやり、週明けに提出します」

とお願いしてみたところ、特別支援学級の先生と通常学級の先生は、快く承諾してくれました。そして、こう言ってくださいました。

「娘さんは、これまで真面目に宿題をしてきました。だから、大丈夫ですよ。量はお母さんが調整してあげてください。娘さんが、楽しく学校に来られるようにしてあげてください」

娘の特性を理解し、尊重してくれる先生たち。

その環境がとてもありがたく、うれしく感じました。

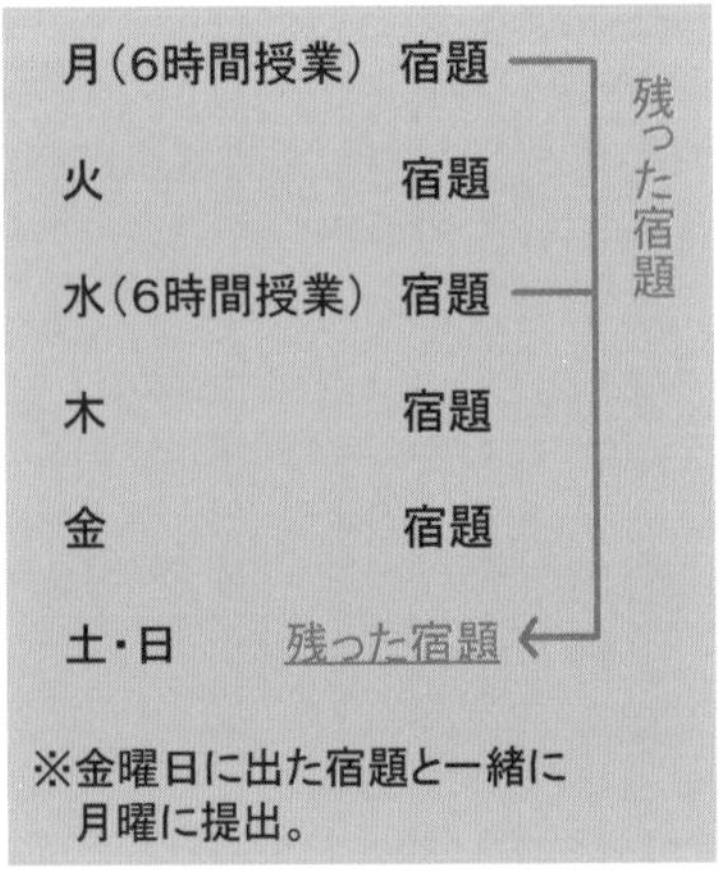
月（6時間授業）　宿題
火　宿題
水（6時間授業）　宿題
木　宿題
金　宿題
土・日　残った宿題
残った宿題
※金曜日に出た宿題と一緒に
月曜に提出。

宿題は、1週間かけてみんなと同じ量やります！

娘が不安にならないよう説明

先生たちとの話し合い後、さっそく娘に宿題のやり方について話すことにしました。宿題をやらないわけじゃなく、「後日、提出する」というやり方は、娘のこだわり上、よかったようで、娘はすんなり受け入れてくれました。

苦手な漢字練習も、時間が足りない時は半ページにし、残ってしまったぶんは週末にするようにしました。

それから、放課後等デイサービスの先生方にも事情を話しました。先生はそれを聞いて、次のように対応してくれました。

六時間目まである日は、放課後等デイサービスに着いたら、娘と時計を確認しながら「今日は、何時まで宿題する？　何時から遊ぶ？」と、時間を決めます。

そして、その時間になったら、途中でも宿題を切り上げることを約束。約束の時間になったら宿題をやめ、遊びの時間にします。

さらに、私が迎えに行く時間には、娘が楽しく遊べているように、先生方は配慮してくれました。

この方法をとるようになって、娘は少しずつ心の安定をとり戻していきました。

その後しばらくすると、娘は残った宿題を週末に回すのではなく、なんと自宅に帰ってから宿題をするようになりました。

今までは「家では遊ぶ」と言って宿題をしなかったのに……。

短い期間で、娘は変化しました。やはり……ずっとこのままではない！

九歳（小学四年生）になった今、放課後等デイサービスで娘は、自ら宿題をする時間を決め、その時間になったら宿題を途中で切り上げて遊んでいます。

そして帰宅後、おふろ、ごはんを済ませると、自分から自室に向かい、誰に言われることもなく宿題にとりかかります。

「このままじゃまずい」と親が感じた時、子どもに最適な対処をすれば、子どもも段々と変化していく……。それを改めて感じた出来事でした。

夏休みの課題をストライキ!? 宿題をやる・やらないの攻防

不安でいっぱいだった夏休みの宿題

娘は小学一年生で、初めて夏休みの宿題というものを経験しました。

娘も初めてですが、私も親として小学生の夏休みの宿題に挑むのは初めてでした。

まず、自分の頃とは違うその量に、私は驚きました。

ちゃんと全部終わるのか……。

不安いっぱいで挑んだ一年生の夏休みは、私が娘の横にぴったりとくっつき、どれをやるか指示することに。

娘の調子や機嫌を探りながら、何ページやるかを私が決めると、娘は素直に言われたぶんを着々とこなしてくれました。

順調に宿題は進んでいき、八月には全部終わらせることができました。

小二になって、まさかの抵抗!?

そして、小学二年生になり、再びやってきた夏休み。

去年の経験もあったので、夏休みの宿題に関しては同じような方法で進めようと思っていました。しかし、昨年まで私の言うとおりに宿題をこなしてくれた娘が、反抗を示したのです。

ここは予想外だった私。

自分の意志がなく、フワフワしていると思っていた娘が、「やりたくない」と反抗したことは、うれしい成長ではありましたが、宿題が無事終わらないかもという不安もありました。

宿題をしたくないと言うので、「じゃあ好きなことをしてもいいよ？」と言うと、〝好きなこと（自由）〃が苦手な娘は、「何したらいい？」と何度も聞きに来ます。

宿題はやりたくないけれど、何をしたらいいのかもわからないようでした。

そこで私たち親子は、夏休みの一日のスケジュール表を作ることにしました。

スケジュールがあれば、自分で動けるはず！

スケジュールは私が娘に提案しながら、二人で相談して作っていきました。

スケジュールに宿題の時間を入れることは、娘も意外に嫌ではない様子。

こうして、スケジュール表が完成しました。

それからというもの、娘は毎日スケジュールを確認しながら夏休みを過ごしました。

私がやらせようとしたら嫌がっていた宿題も、時間になれば仕方なくですが、娘はやり始めます。せっかくの夏休みに窮屈《きゅうくつ》なものを作ってしまったかな……と思いましたが、娘にとっては先の見通しが立つ〝安心〟につながったようでした。

こうして娘は「自分で決めて一人でとりくむ」ことができるようになりました。

手作りスケジュール表を見ながら自分で考えて動く娘の姿は、一年前からは想像できないほどしっかりしていました。

予定を書き込んだタイムスケジュール表の写真を、本書冒頭の口絵4ページで紹介しています。よろしければ参考になさってください。

小学四年生となった今、娘は宿題以外のことに関しても反抗することが増えてきました。今までスムーズだったことがうまくいかなくなると、つい頭を抱えてしまいます。しかし、「イヤ」という言葉の裏側には、何かしらの成長があります。

反抗に対して叱るばかりではなく、娘の思いを探りつつ、親子で一緒に方法を考えながら、臨機応変に対応していけたらいいなと思いました。

支度がはかどる手作り療育グッズ

何かできないか…その想いが療育グッズ製作の始まり

娘らしい成長を応援するために、今まで私が作ってきた療育グッズの数々。その中から、絵カードやスケジュールのほかに、今振り返って「作ってよかったな」と思えるものを、いくつかご紹介します。

娘が幼稚園の年長になり、「ついに来年は小学生！」という頃、私は、娘の小学校入学に際し、いくつか不安がありました。

そのうちの一つが、「(学校の) 準備が一人で、できないこと」でした。

そこで、小学校入学に向けて、「準備」を練習することにしたのですが、一緒にとりくんでも、娘は心ここにあらず。私が「帽子に、ハンカチに……」と準備しているそばでボーッとしています。

何とかやる気を出してもらおうと、「持ち物のチェックリスト」を作りました。

このチェックリストを使って準備するようにしてからは、自主的にとりくむようになった娘。準備を視覚化することで、「持ち物の準備」は娘が主体的にできる日課になりました。

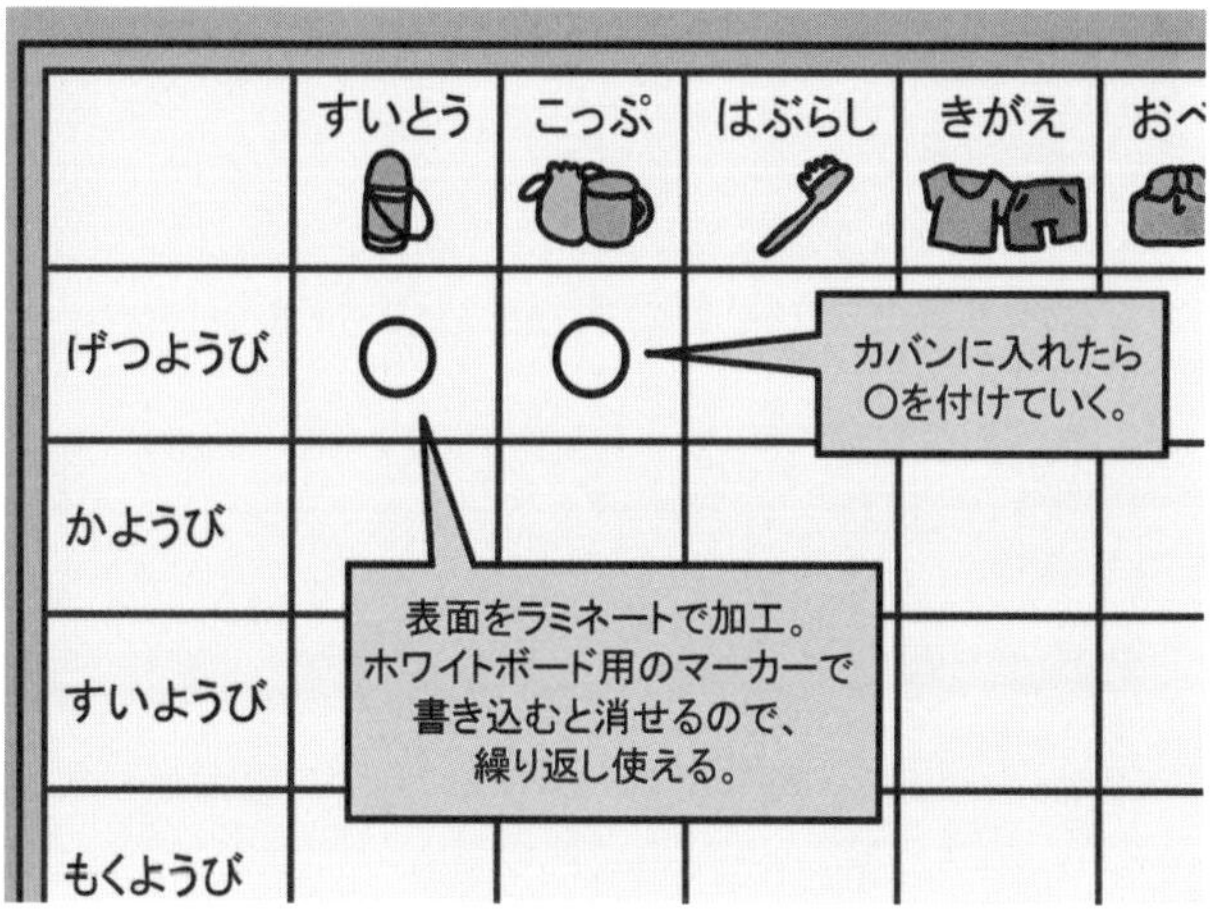
すいとう
こっぷ
はぶらし
きがえ
おべ
げつようび
かようび
すいようび
もくようび
カバンに入れたら
○を付けていく。
表面をラミネートで加工。
ホワイトボード用のマーカーで
書き込むと消せるので、
繰り返し使える。

小学四年生になった今、スムーズに「(学校の) 準備」ができているのは、このチェックリストが少なからず影響を与えたのだと、私は思っています。

朝、言われなくても動けるようにするために

小学校に入学したての頃、娘は朝、支度にとても時間がかかり、いつも出発はギリギリでした。

「早くして~!」「遅刻する~!」とイライラしながら声をかける日々を毎日繰り返し、私は精神的にいっぱいいっぱいでした。

何とかしなければ……と娘の様子を観察していると、あることに気がつきました。娘は、次の行動に移る前に必ず、次に何をしたらいいのかわからなくなり固まっていたのです。

一つひとつの行動もゆっくりだけれど、次の行動に移る時間もかかる……。

そこで私は、あるものを作りました。

作ったのは、朝、娘がしなければならないことを、すべて描いたカードでした。本

書冒頭の口絵2ページで自作した準備カードの写真を紹介していますので、よろしければ参考になさってください。

娘には、終わったカードを裏返してもらいます。そうすることで、あとは何が残っているかがはっきりわかり、全体の見通しも立ちやすくなる。それが狙いでした。

カードを使い始めてから、娘は支度や準備を全部クリアしようと、ゲーム感覚で楽しく準備してくれるようになり、私の朝のイライラも激減しました。

そして、私が何も言わなくても、カードを自分で出してきて、自主的に身支度を始めるようになったのです。

カードを使った支度は、小学一年生から二年生までの半年ほど続きました。

使っているうちにカードを見なくてもできるようになり、娘が「もうなくていい」と言ったのをきっかけに使うのをやめました。

小学四年生になった今は、声かけをしなくても、出発の時間までテレビを見たり、ゲームをして過ごすことができるほど、余裕を持って支度を終えられています。


これまで娘に何か課題が発生するたび、手助けになればと、いろいろなものを作ってきましたが、その中には、まったく娘に響かなかった失敗作もたくさんありました。

しかし大事なのは、わが子を観察し、どうすれば過ごしやすくなるかを考えることではないかと思っています。子どものために一生懸命作ったものなら、絵がうまくなくても、コピーして切って貼ったものでも、子どもにとっては特別。

子どものために、試行錯誤してやることに不正解はない！

すべてが正解だと私は思っています。

信頼関係は同じ目線で何でも話して築いていく

「教える」より「一緒にやる」

娘の苦手をサポートする私のやり方は、「教える」というよりは「一緒にやる」というスタンスです。何か娘の苦手な課題が出てきたら、どうすればわかるかを考え、一緒にとりくみます。

私が「先生」になるのではなく、娘と同じ位置に立つことで、そのやり方が難しくないか、理解しやすいかを、娘と同じ目線で見ることができるからです。

どうしたら娘が理解できるか、伝えやすいかを考え、娘のそばでそれを確かめながら、方法を模索しています。

それから、私は娘に自分の気持ちを正直に話すようにしています。自分を抑えて接するのではなく、ありのまま接し、とにかく何でも話します。

たとえば私に余裕がない時は、今日は無理だということを、そのまま娘に伝えます。「察して」「考えて」と言いっぱなしにすることは、ほとんどありません。

余裕のある時は・・・
わからなーい
よし！じゃあ、一緒に考えてみよう！
余裕のない時は・・・
ママ〜！
教えて〜！
なんで？
・・・・。
だめだ・・・今日は頭が働かない！

ママさ〜今日、頭が忙しいって言ってるから・・・あーさんの「なんで？」は、今度でもいい？

頭が大変なの？

そう・・・

わかった！ママの頭がかわいそうだから今度にするね！

ありがとう・・・

それは、私が自分が言いたいことを我慢して娘に接することができなかったから……というのもあります。

一般的に、よいか悪いかはわかりませんが、この方法が私にとっては背伸びをせず、無理もしなくていい、負担にならないやり方でした。

親が何でも話すことって、娘にとっては負担？

私と娘の関係において、私は、何でも話すことが当たり前。

しかし娘にとっては、どうなんだろう？

親である私が、わが子に感情をぶつけていいのか？

私の負担にはならないけど、娘は負担になっているのではないか……？

内心そんなふうに思い始めていた時、こんなことがありました。

娘に、宿題の「かけ算の音読」をしてもらっていた時のことです。

「シチロク42、シチシチ47……」（正解は、シチシチ49）

途中で答えを間違えた娘に、「違うよ、もう一回！　7×7は？」と言い直してもらおうとすると、娘は「もう！」「なんで！」と怒り出し、泣いてしまいました。

自分の気持ちを話すこと、相手の気持ちを予測することが苦手な娘。

そこでいつものように、私がまず娘の気持ちを代弁し、なぜこんなことをするのか、言うのか、お互いの気持ちや真意を、次のように丁寧に説明しました。

「悔しいよね～、嫌だよね、わかる！　でも、意地悪しているわけじゃないよ～？」

「大人になってから困ってほしくないからだよ」

「あーさんは一人じゃない！　ママも一緒に頑張るからね！」

目には見えない気持ちを、口に出して言うことが大事だと思ったからです。

すると娘は涙を流しながらニコッと笑い、「大丈夫よ、ママ。私、ママの気持ちは、ちゃんとわかっているから」と言ってくれました。今まで、いろいろな場面で自分の気持ちを娘に話してきましたが、娘からこんな返事が返ってきたのは初めてでした。

娘が私にかけてくれたこの言葉で、私は、「ちゃんと私の気持ちをわかってくれていた。話してきてよかった……」と、娘との間に信頼関係がちゃんと築けていることを実感しました。そして、また娘が一つ大きくなったと感じました。

同じ目線で一緒にとりくみ、何でも話す関係

娘の療育を通して私が行きついたのは、次の三つです。

①「娘の苦手も個性と認める」
↓周りと比べることもなく、落ち込まない

②「同じ目線で一緒にやる」
↓娘にとって、きついかどうかがわかりやすい

③「気持ちはたくさん話す」
↓相手の気持ちが見えるようになり、予想できるようになる＋信頼関係が築ける

同じ目線で接する、たくさん話す……、と言えば聞こえはいいですが、私が大人になりきれていない面もあります（笑）。

だから私は、娘とよく喧嘩をします。嫌な気持ちがしたら、私がすぐ口に出してしまうからです。

最近では、おしゃべりが上手になった娘から、言い返される回数も増え、「もういい！」と、お互いそっぽを向くこともしばしば。

でも築いてきた信頼関係のおかげか、最後は「大好き」とハグして終われています。


……と、いろいろと偉そうに言ってきましたが、結局は、娘が応えてくれたことと、経験から学んだことばかりです。

私が娘からもらったものはたくさん。物事の考え方やとらえ方。一つできるたびに胸が温かくなること。そして、人に対する優しい気持ち……。

これからも娘からいろいろなものをもらいながら、一緒に歩いていきたいと思います。

娘から「私って発達障害？」と聞かれたら

娘が「発達障害」について聞いてきた

私は娘が発達障害だとわかってから、気になっていたことがありました。

それは、「いつか娘が、自分の発達障害について知る日が来る」ということ。

そのことをどう伝えるか、タイミングはいつなのか……。

頭の中でいろいろなシミュレーションをしましたが、その日は、予想もしていなかったタイミングでやってきました。

小学三年生（八歳）の時、聴覚過敏で、音に反応し、体調不良を起こしていた娘。体調が悪くなる娘のために、嫌な音を遮断できるということでイヤーマフを購入し使ってみたところ、娘はすっかり気に入って、放課後等デイサービスで集中したい時や、学校で一人になりたい時、家で読書をする時などに愛用していました。

そんなある日、放課後等デイサービスのお迎えに行った時のことです。

娘は放課後等デイサービスで、イヤーマフをつけた発達障害のある子の漫画を読んだらしく、「自分も発達障害？」と聞いてきたのです。

今まで私は、娘に「発達障害」という言葉を使って娘の特性について話したことは一度もありませんでした。

最初に特性について軽く触れたのは、五歳ぐらいの時。言語訓練に通う理由を聞かれたので、「言葉が苦手だからだよ」と簡単に理由を話しました。

娘は「言葉が苦手」ということをマイナスには捉えなかったようで、気がつけば周りの人に対しても「私は言葉が苦手なんだよ」と自ら説明するようになっていました。

次に詳しく話したのは一年生の後半。二年生から特別支援学級に在籍になった娘は、慣れるために一年生の後半から特別支援学級の教室に行くことになりました。その時に、「特別支援学級に行く理由」を説明しました。

その後、二年生から本格的に特別支援学級在籍になった時に、もう一段階詳しい話をしました。

娘は気にするどころか、特別支援学級に長時間いられることを喜んでいました。

「障害」という言葉を耳にすることが多くなってきて…

それから時は経ち、「障害」という言葉を授業やテレビで聞くことが増えてきて、三年生になる頃には、障害のある人が世の中にいるということを娘は知るようになりました。

この時から私は、「いつか娘に『発達障害』について話す日がくる」と考え、どんな状況で聞かれるのか、どんなふうに答えようかと想像し、ずっと頭の中でシミュレーションし続けていました。

そして、聞かれた時のために決めていたことが三つありました。

・聞かれたら、隠さず言う

「発達障害」のことを話す最良のタイミングは、聞かれた時。

あまりに幼い時は話す必要はないと思いますが、娘はもう小学生。専門的な話はしなくても、そういう特性について、言葉を選べば説明していいと考えていました。

・話す時は、明るいトーンで

真剣な顔や暗い表情で話してしまうと、これは悪い話だと思われてしまいます。

話す時は、普段の会話の時と同じトーンで、なるべく表情は変えない！

少しでも誤解を与えたくないと思いました。

・説明の中で、この話題がタブーだという印象を与えない

「発達障害」に対して、「これ以上聞かないで」という対応は絶対したくないと思っていました。聞きたければいくらでも話す、聞いてはダメなことではないと娘に態度で示そうと思っていました。

何度もシミュレーションして、これは絶対に守ろうと決めていたことでした。

発達障害について聞かれた時は、娘にこう答えようと日頃から考えてはいたものの、その時は思った以上に突然やってきました。

まさか、イヤーマフからつながるとは！　シミュレーションは完璧のはずだったの

に、いざ聞かれると私の心臓はドキドキ音を立て、動揺が一瞬で全身に広がりました。

しかし、動揺してはいけない！　返事に間を空けたら、娘に変に思われる！

わが子が聞いてきた時が、話す最良のタイミング。

決めていたことを思い出し、自分に気合いを入れ、ついに娘に話すことにしました。

聞かれたことにすぐ答える知識を私も身につけなければ！

脳内シミュレーション中
…ってきたら、こう！

…って言ったら、こう！

まさかのイヤーマフから!?

今聞かれるとは〜！なんて言えばいいんだっけ!? シミュレーションがぶっ飛んだ〜！

って、こんなこと思ってる場合じゃない！答えろ！私！答えるんだぁ！

この間、約1秒
動揺してる場合じゃない！何か言わないと！

キリッ

◯「あの子も発達障害？」の質問に、私は…

娘が知りたいことについては何でも話す覚悟でいた私ですが、「発達障害って何なの？　私もそれ？」「いつわかったの？　それって病気？　治るの？」など、娘は自分の経緯を知りたがり、いろいろな質問をしてきました。

思った以上の質問量に圧倒されつつも、私は自分の持っているすべての知識、語力、表現力を使って、言葉を慎重に選びながら、娘に発達障害について正直に話しました。

暗い雰囲気になってしまうのでは……？　と心配していましたが、「よかった〜。お医者さんが『発達障害』と言ってくれたから、私は今、特別支援教室や放課後等デイサービスに通えているんだね。助かった〜」と娘らしい一言もとび出し、少し緊張がとけました。

娘は続けて、こんなことを聞きました。

「じゃあ、特別支援教室にいる○○ちゃんや□□くんも『発達障害』？」

これはとても難しい質問です。特別支援学級に通っているということは、何かしら苦手なことがあるということです。

しかし、みんながみんな発達障害ではないかもしれませんし、障害名についての話をしたくない人もいるでしょう。

娘がその言葉をかけることによって不快に感じる保護者の方もいるでしょうし、まだその意味を知らない子どもたちがその言葉を覚えてしまい、わけもわからず使って

あーさん、「発達障害」ってね、使い方が難しい言葉なの。

言われた人を、傷つけてしまうことがあるんだ。

ママやパパは何とも思わないけど、中には・・・

発達障害なの？

発達障害？

言われて、嫌な気分になるお父さん、お母さんもいる。

だから、自分以外の人に対しては言わないようにしてくれるかな？

わかった！

どうやって、どんな時に使えばいいかは、中学生ぐらいになったらもう一回ちゃんと教えるね。

はーい！

しまうことになるかもしれません。それを娘にどう伝えたらいいか……。

少し考えてから、私は、『『発達障害』という言葉は使い方が難しい」ということを娘にそのまま伝え、もう少し大きくなってから、もう一度話すことを約束しました。

娘は思った以上に、一つひとつ真剣に聞いてくれました。

娘が気になったのは「病気」かどうか…

娘が「それ病気なの？　私は病気？」と聞いてきた時、私は「病気じゃなくて、個性だよ」と娘に話しました。

さらに、「個性って何？」と聞いてきた娘に、私は「あーさんは、絵が好きで、おしゃべりが苦手でしょ。弟のきーさんは、動くのが好きで、絵は苦手だよね。みんな得意と苦手があるでしょ。そういう一人ひとり違う性格みたいなものを個性って言うんだよ」と説明しました。

娘は、個性の話のあと、自分が今後どうなるのかを聞いてきました。

私は「何も変わらないよ」と答え、今、娘がたくさんの人に助けてもらっていること、親である私たちも娘のためにやれることは何でもするということも話しました。

娘はそれを聞くと、笑顔で「わかった」と答えてくれました。

話し終えた途端、こみ上げる不安…

娘に発達障害のことを話した私でしたが、冷静を装っていても、内心、心臓はドキドキしていました。

ちゃんと言わなきゃ、笑顔で……。悪い印象を与えないように、正直に……。いろいろなことに気をつけながら、言葉一つひとつに気を配り、話しました。

しかし、話したあとは不安が一気に襲《おそ》ってきました。

その日の夜、私は夫に、娘から「発達障害」について聞かれたこと、そして、娘にどういうふうに説明したかを話しました。

ちゃんと言えたか、表情は暗くなかったか、余計なことを言わなかったか、振り返れば不安ばかり……。

そんな私に、夫は「大丈夫」と優しく声をかけてくれました。

その後、私は特別支援学級、放課後等デイサービスの両先生と情報を共有するため、すぐに手紙を書きました。

私がどういうふうに娘に説明したか、もし娘から「発達障害」について聞かれた時は、隠さず話してほしいということを書きました。

後日、放課後等デイサービスの先生に聞いた話によると、娘は発達障害について描かれた漫画を持って先生のところにやって来て、「私って、この『発

大丈夫かな・・・
ちゃんと言えたかな・・・
心配・・・。
大丈夫。
いい説明だったと思うよ！
自信持って！

達障害』なんだって」と一言、言って去って行ったそうです。

娘が「発達障害」をどう捉えたのか、まだわからない状態ではありましたが、私は娘が一歩踏み出したと感じました。

「発達障害なのは私だけ?」繰り返し聞く娘

発達障害のことを話して一週間を過ぎた頃から、娘は三日に一回ぐらいのペースで私に「発達障害って、この家で私だけ?」と聞くようになりました。

そのたびに私は「あーさんだけだよ」と答え、パパとママにも苦手なことはたくさんあるから、発達障害ではないとは言い切れないことを説明しました。

娘は毎回、私の話を聞いたあと、「ふーん」と言い、そのまま去って行きます。

このやりとりが何度か続いたため、私は娘が何を思って聞いているのか知りたいと思い、娘に聞いてみました。

すると、娘は自分に「発達障害」があることを「心配」していたことがわかりました。娘は思った以上に、表面上だけではなく、深いところまで考え始めていたのです。

娘が発達障害を自分で受け入れようとしている中、私は、発達障害のことを説明する時に出てくる矛盾と葛藤していました。

娘に説明をしていて私が一番困ったのは、なぜこれが「障害」という言葉なのかということ。「障害」という言葉は、子どもにはとても説明しにくいのです。

「発達障害」ではない別の言葉ならよかったと、この時ほど感じたことはありません

ママ～ 発達障害って、この家で私だけ？

「発達障害ですよ」って、病院の先生に言われたのは、あーさんだけだよ。

でも、パパにもママにも苦手なことはあるから～ 発達障害ではない・・・とは言えないかな～

ママは、お金の管理が苦手だし・・・

パパは、片づけ苦手でしょ？

ふーん・・・ じゃあ・・・ わかってるのは私だけか。
・・・・・。
別の日・・・
ママ～ 発達障害って、この家で私だけ？
この質問、何回目だ？
えーっと・・・

でした。発達障害ではなく、「個性強め型」とか、「○○タイプ」とか、「障害」がつかない呼び名にしてほしいと思いました。

そもそも恥じるべきことではないのに、他人に使ってはいけないと言っている時点で、矛盾を感じ、うまく説明できない葛藤もありました。

最初の説明が、きっとその後の価値観の土台になっていく……。

自分の言葉一つひとつの重みを認識するたび、その大きな責任感に身が引き締まる思いでした。

その後も間隔は少しずつ開いてきていますが、娘は定期的に「発達障害って、この家で私だけ？」という質問をしてきます。そのたびに私は同じ会話をしています。

娘は、「発達障害」を知ったばかり。何度も質問するのは、まだ受け入れることができていないということなのでしょう。

私だって受け入れるまで何年もかかったのです。娘もゆっくり受け入れてくればいい！

娘に寄り添いながら、聞かれたことに丁寧に何度でも答えていきたいと思います。

発達障害って、家族で私だけ・・・
苦手がいっぱいあるって心配。
あーさんは、苦手も多いけど、
得意もいっぱいあるでしょ？
そこも見てみようよ～。
ママもいーっぱい
苦手なことあるよ～！
勉強でしょ～
料理でしょ～
本読むのも、苦手・・・
え！そうなの？
私、本読むの得意よ♡
エッヘン!!
いいな～！
羨ましい♡
私って、「発達障害」だから
放課後等デイサービスに行けて
ラッキーだよね～
素敵！
あーさんの、そういう考え方、
大好きよ♡

●著者コラム

障害告知について

本人に障害告知する時のヒント

「何歳の時に告知すればよいでしょうか?」という相談を保護者から受けることがあります。

結論から言うと、「何歳まで」にという期限があるわけではありません。

発達障害のある子どもの場合、早期に診断を受けたという場合もあれば、不登校などをきっかけに就学後に診断を受けたという場合もあります。したがって、告知の時期というのは個別的に判断されるべきと思います。

診断の結果を告知するタイミングについてですが、その一つはSAKURAさんが書いておられるように、本人から聞いてきた時でしょう。ポイントとしては、事前の心の準備、ネガティブにならないように、本人にわかりやすい言葉で、正しく伝える、などがあると思います。

親の側の「そんなこと知らなくていいの」など否定的態度や困惑は、〝障害について話すことはタブー〟と子どもが認識してしまうことにつながるかもしれません。

子どもへの告知の前に、親自身の障害に対する理解と自分の言葉に納得できることが必要になると思います。

とは言っても、急に子どもから聞かれると、戸惑ってしまうので、ここでは事前の準備として、いくつかの対応例を挙げてみます。あくまで参考なので、自分の言葉で言い直しをしておくとよいでしょう。

Q　障害なの？

（例）

障害という言葉をあえて使わない手もあって、たとえば「〇歳の時にお医者さんにASDって言われたことがあるよ」のように、ASD、ADHDなどの英語や、自閉症、自閉スペクトラム症などの症例に言い換える方法もあります。

Q　それって障害？

（例）

「言葉で自分の気持ちをうまく伝えたり、みんなに合わせることとかが難しいということでは、障害って言われることもあるね」

全体の中の一部分だけにあてはまるように伝える方法もあります。

Q　病気なの？

（例）

「風邪とかの病気とはちょっと違うね。脳の働きが周りの人と違って、好きなことに夢中になりすぎたり、興味がないと覚えられなくなったり、微妙な言葉やルールが読みとりにくかったりしてしまうってこと」

〝病気〟と言われると、子どもが不安になってしまう場合があるので、まずは否定して、日常生活上の困難な具体例を挙げて伝える方法もあります。

Q　治るの？

（例）

「薬を飲むことで完全に治すことはできないみたいだけど、症状によっては自分に合ったお薬によって軽くすることはできるよ。

苦手なことは、環境ややり方を工夫したり、自分に合ったやり方で努力したりすれば、ある程度うまくいくよ。できることや得意なことを生かしていくことで、実際に社長さんになったり、科学者になったり、スポーツ選手や芸術家になって活躍している人もいるよ」

障害告知の目的

障害について告知することに関連して大切なことがあります。それは、「告知は何のためにするのか」ということに関係します。

障害告知は、単に障害かどうかを伝えることではなく、子どもが〝自分自身を知る〟という大きな目的に対する段階の一つにすぎないということです。

親子で、自分の好きなことや得意なこと、嫌いなことや苦手なことについて、まずは話し合ってみましょう。親やきょうだいと一緒に紙に書き出してもよいでしょう。

得意なことはどんどん伸ばしていければいいですね。苦手なことは、その隣に「どうやって工夫するか」という欄を作り、アイデアをお互いに書き合ってみるのもよいでしょう。

親が苦手なことと子どもの苦手が共通していれば一緒に考えることができますし、親が苦手なことに対して子どもからアイデアをもらうこともあるかもしれません。

これはダイレクトな告知ではありませんが、こうしたことが「障害とは何か？」ということを超えて、自分自身を理解していくことにつながっていくのではと思います。

きょうだいへの告知も大切

きょうだいは、ともに育つ家族の中で、子どもという同じ視点に立ってかかわっていく存在です。

親として平等に扱っているつもりでも、成長とともに「きょうだい喧嘩をした時、どうして自分だけ怒られるのか」「○○は許されても自分は注意される」などと葛藤を持つこともあります。

また、きょうだいが障害のある子どもと同じ学校へ通っている場合、自分のきょうだいが支援学級に在籍していることに対して疑問を持ったり、クラスメイトからそのことについて聞かれたりした時に、どう答えてよいかわからないといった不安を持つ場合もあります。

障害のある子どもだけでなく、きょうだいに対しても、告知に限らず、障害についてオープンに話ができるような関係を作っておくことは大切です。

そのためには、何を話してもよい時間として、きょうだい児と親だけで話ができる時間、「クオレティータイム」と呼ばれる時間を作っておくのもよいでしょう。

Ｃｕｏｒｅ（クオレ）はイタリア語で「心」という意味。お茶を飲んだりして心をリラックスさせる時間です。

きょうだいへ障害告知する時のヒント

きょうだいの障害理解については、障害の種類によって理解のしやすさが異なります。

特に知的な遅れがない発達障害の場合、年齢の低いきょうだい児にとっては理解しにくいこともあるでしょう。

伝える時のポイントは、基本的に、本人に対する告知の時の説明と同様です。

タイミングとしても、きょうだい児から聞かれた時のほか、きょうだい児が在籍する同じ学校に障害がある子どもの就学が決まる時や、特別支援学級を選択する時、など個々のケースによってさまざまでしょう。

本人に告知をする前に、きょうだい児に告知をすることになった場合は、本人にはまだ告知していないことを伝えて、きょうだい児から本人に伝えないなどの約束事ができることが条件になります。

きょうだい児の年齢が低い場合は、「○○ちゃんはコミュニケーションが苦手」「交代でおもちゃを使うことが苦手」など、まずは特性として理解してもらうなど、段階的に伝えていく方法もあります。

あわせて、「きょうだい（兄姉・弟妹）のいいところは何かな?」というように、長所にも目を向けるよう促していくことも必要です。

第7章

家族の存在が心の支えに

弟が生まれてからは頼りになるお姉ちゃんに

聴覚が過敏な娘は、赤ちゃんの泣き声が苦手

自閉症スペクトラム障害がある娘は、聴覚がとても敏感という特性があります。私たちが普段聞いている何でもない音も、娘にはうるさく聞こえるようでした。

息子が生まれる前、娘は赤ちゃんの泣く声がとても苦手でした。隣の家から聞こえてくる赤ちゃんの泣き声でも、頭を抱えてしまう状態でした。

しかし、私のおなかの中に赤ちゃんがいることを知った娘は大喜び！

赤ちゃんの泣き声が苦手な娘が、四六時中泣く赤ちゃんと一緒に生活できるのか不

安に思った私は、

「赤ちゃんはしゃべれないでしょ？　だから泣くんだよ」

「あーさんのお仕事は、元気に遊ぶことでしょ。赤ちゃんのお仕事は、元気に泣くことなんだよ」

と話しながら、「赤ちゃんがなぜ泣くのか」「赤ちゃんが泣くのは仕方ない」ということを妊娠中に少しずつ説明していきました。

オギャァ～！
オギャァ～！
五歳
お隣の赤ちゃん、泣いてる・・・
やめて～！
痛い！
耳が痛い～！
赤ちゃんは大好きだけど・・・
赤ちゃん、かわいい♡
ね～♡
泣き声は嫌。
ふえぇぇぇ～
あ～・・・ちょっとうるさい・・・
ひぃぃぃ～！
赤ちゃん、早く出てこないかな～
その赤ちゃんは、あなたの嫌いなあの泣き声を出すんだけどな・・

いよいよスタート！　赤ちゃんとの共同生活

その後、無事に息子が生まれ、娘との共同生活がスタート。

娘は弟の誕生をとても喜び、生まれたばかりの赤ちゃんに興味津々。

事前に説明していたかいあって、娘は少しの泣き声なら我慢してくれました。

息子が泣きそうになると、泣く前に私に知らせたり、娘なりに自分で考えて、回避方法を見つけていたようでした。

私も娘の苦痛にならないよう、なるべく息子を泣かせないようにしていましたが、すぐに駆けつけられない時だってあります。娘に「ちょっと泣かせておいて」とお願いをすることもありました。

私が応じてくれないことがわかると、娘はクッションに顔を突っ込んだ状態で、必死に耐えていました。

娘にとって泣き声は苦痛なことは理解していますが、息子を泣かせないことは正直、不可能……。娘には、息子の泣き声に、とにかく慣れてもらうしかありませんでした。

娘が、鳴き声が原因で、息子を嫌いになってしまわないように気をつけながら、少しずつ泣き声に慣れさせていきました。

たとえば、手が離せない時は、「あと一〇秒だけ待って」と我慢する時間をわかりやすくしたり、娘が限界に達している時は、私が息子を抱っこして家の外に出たりして、できるかぎりストレスを与えないように気をつけました。

二人の育児でクッタクタ…

そんな日々を過ごしていたのですが、息子も自己主張が激しくなり、オムツを替えても、ミルクをあげても、抱っこをしても泣き止まないことが増えてきました。

なるべく息子を泣かせないようにして、聴覚過敏の娘にストレスを与えたくない……。頭ではそう思っていても、二人の子どもを見るとなると、すべてを完璧にはこなせません。

ある日、私の体力は限界に達しました。泣く息子を置いた状態で、脱力してしまったのです。

赤ちゃんのお世話に疲れ果てて座り込む私の姿を見た娘は、「どうしたの?」と声をかけてくれました。

私は、「ごめんね。あーさん耳痛いよね。きーさんを泣かせたくないんだけどね、ママ、抱っこ疲れちゃってね……。ちょっとだけ、きーさん泣いいててもいいかな?」と正直な気持ちを話しました。

すると、娘は「いいよ! だいじょうぶ!」と言ったのです。

その時から、娘は変わりました。今まで息子が泣いたら、「うるさい」「泣きやませて」と言っていた娘が、「私は大丈夫よ」と言ってくれるようになったのです。そして、私がすぐ行けない時は、「待ってて！　ママすぐ来るからね！」と息子に声をかけてくれるまでになりました。

もっとお姉ちゃんに頼ればよかった！

息子が九カ月になった頃、ほんの数カ月前までは泣き声に敏感に反応し、不快感を訴えていた娘が、なんと息子

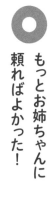

の泣き声をＢＧＭに平然とテレビを見るようになったのです。

成長して前より大きくなった息子の泣き声も、ほとんど気になっていないようで、「うるさい」と言わなくなり、「泣きやませて」とも言わなくなりました。

あやしてくれることも増えていき、息子も、娘がそばにいてくれるとうれしいようで、自分から寄っていくようになりました。

私は、お姉ちゃんになって我慢することが増えてしまった娘に、余計なストレスを与えたくないと頑張りすぎていたのかもしれません。

食事を作らないといけない、洗濯もしないといけない、掃除もしないといけない……。やることがいろいろある中、赤ちゃんを泣かせないようにすることの難しさと言ったら！

こんなことを話しても、わからないだろうと思い込んでいましたが、娘は私が思っている以上に、ずっと大人でした。

私が正直に困っていることを伝え、お願いをしたことで、娘の中で何かが変わったようでした。

それからは、頼んだことに対して「まかせて！」と動いてくれ、自分から「私、お姉ちゃんだもん」と言うようになりました。

娘は、お姉ちゃんになることを待っていたのかもしれません。

この出来事をきっかけに、私の中では娘が頼りになる〝心強い存在〟に変わりました。

娘と息子。同じ子どもでもこんなに違う！

第二子の育児をしていて気づくこと

「手のかからない」赤ちゃんだった娘。

息子の育児をしていて、第一子の娘が特殊だったことに、改めて気づきました。

生後五カ月の時の息子と、自閉症スペクトラム障害のある娘が五カ月だった頃を冷静に比べてみると、こんなにも違うのか！　と驚くことばかりです。

娘が生後五カ月の時は、次のような特徴がありました（※）。

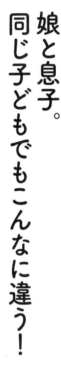

・泣かない、笑わない、声を出さない

娘は無表情で笑わず、声もほとんど出さなかったので、部屋はただただ静かでした。

・動かない

基本的に動かないことが多く、寝返りもしませんでした。結局寝返りをしたのは、七カ月になってお座りができるようになった頃でした。

・手がかからない

一人にしても泣かず、してほしくないことをしない子だったので、全体的に手がかかりませんでした。机の上にあるものに手を伸ばしたりしないので、私も食事をゆっくり楽しむことができました。

※発達障害のある子によって、あらわれる特徴には個人差があります。

あーさん、五カ月
身長 65cm
体重 6.5kg
ママだよ～！
笑って～♡
……。
ほら！ゴロンしてごらん♡
こっちおいで♡
……。
じーーっ…
ふぅ～休憩♡
……。
きーさん、五カ月
身長 65cm
ムチッ
体重 8kg
……。
あっぷぅ～！
きゃっきゃっ！
ゴロン
ゴロン
えへへっ♡
待って！だめ！これ、あっちっちーよ！
こら！ちょ…ちょっと！
あぁぁ～！

一方、生後五カ月の息子の様子は…

・よく笑い、よく声を出す

人と目が合えば笑い、あやすと笑い、とても愛嬌《あいきょう》のある息子。声もよく出していました。

・よく動く

息子が寝返りしたのは、生後四カ月の時でした。寝返りができるようになった途端、自分で自由自在にコロコロ転がって動き回っていました。

・手がかかる

抱っこしないと寝ない。抱っこから降ろすと泣く。目の前にあるものを片っ端からつかむ。一人にすると泣く……などなど、要求が多く、娘に比べると、とにかくとても手がかかりました。

二人は本当に正反対で、それぞれに違ったおもしろさがありました。

二人目育児にして初めての「全力イヤイヤ」に母、苦戦！

息子は、一歳半を過ぎた頃から自己主張が始まり、イヤイヤ期は日を追うごとに激しくなっていきました。

「あれはイヤ！」「これはイヤ！」「自分でやる！」「こうしてくれ！」……。

イヤイヤと、自分でやるというこだわり、そして自己主張が炸裂《さくれつ》している、まさに魔の二歳児です！

私にとって、この年齢のイヤイヤ期は初めての経験でした。

なぜなら、娘はイヤイヤも自己主張も、四歳頃までほとんどない子だったからです。

娘が二歳の頃は、まったくしゃべらず、騒がず……無の境地でした。お出かけしてもおとなしかったので、旅行や外食に連れて行っても困ることはありませんでした。

しかし、手がかからない反面、ほぼしゃべらず、自己主張もしなかったので、娘が何を望んでいるのかが、なかなかわかりませんでした。

この頃の娘は、私たちの言葉を理解することも、自分の気持ちを話すこともできなかったのです。


一方で、息子はとにかく一つひとつをイヤイヤしないと気が済まない状態。

家を出る前から、服が違う、靴が違う……とイヤイヤ。

まさにマニュアル通りのイヤイヤ期！

娘には見られなかった息子の様子に「これが噂のイヤイヤ期か～！」と、初めのうちは新鮮な気持ちでした。

しかし、外へ出れば、自分の行きたい方向へ行かないと気が済まず、外食なんてゆっくり食べられたことがありません。

息子のイヤイヤは予想以上!!　私の一回目の子育て経験が、まったくもって役に立たず、頭を抱えてしまうことも度々ありました。

長女と長男、まったく違う子育てができるって楽しいかも

激しくイヤイヤ期を爆発させていた息子ですが、おしゃべりが上手になるにつれ、自分の思いをちゃんと伝えてくれるようになりました。

イヤイヤされると手がかかるように感じますが、実はある程度、言葉での説得が通じるため、ラクな面もありました。

娘の時の子育てとは全然違うので、気分は初めての育児でした。

戸惑うことはたくさんありましたが、まったく違う子育てを経験させてもらっている私は、運がいいのかもしれない……。

そう考えると、娘とは違う息子の反応の一つひとつを「そういうことするんだ〜」と受け入れられるようになっていきました。

子育てで「子どもを比べてはいけない」と言われますが、私の場合、娘と息子を比べながら「娘はこうだったけど、息子はこうなのかぁ〜！」と新鮮な気持ちで育てる

ことができています。

そして、それぞれにいい所を見つけられる、そんな今の子育てを、純粋に楽しいと感じています♡

互いを尊重した姉弟関係

弟の代わりに「ありがとう」「ごめんなさい」

弟が生まれたばかりの頃は、弟の泣き声が大の苦手だった娘でしたが、泣き声にもすっかり慣れ、自分からお世話してくれることも増えていきました。

しかし、その関係にはどこか距離があり、接し方、かかわり方がわからないような様子も見えました。

最初はどうなることかと思いましたが、今では私が何も言わなくても、弟のことを気にかけてくれるようになりました。

それは、なぜか？

どうやら、娘との療育でテーマにしていたことが、ここでも役立ったようなのです。

たとえば、弟のことなのに自分のことのようにお礼を言えるようになったり、弟がしてしまったことを自分のことのように謝ったり……。

娘は、まだ言葉が話せない弟の代わりを、自分で考えてするようになったのです。

きーさんに、おもちゃ購入。
ママ～
おもちゃ買ってくれて、ありがとう！
え？でも、これは、きーさんのおもちゃだよ？
あーさんも遊ぶからってこと？
違うよ！「ありがとう」がきーさんはまだ言えないから。代わりに私が言うの。
ありがとう♡
えぇえぇえぇ♡なんていい子なの～♡

娘と息子の関係は、娘の言語・コミュニケーション能力を上げるため、主治医から教えてもらった「自分の思うことと、相手の思うことは違う」という〝自他との区別(87ページ)〟や〝気持ちの同調・代弁〟の実践には、ぴったりなようでした。

「相手の気持ちを想像し、寄り添う」という私が娘に対してやってきたことを、今度は娘が弟に対してやってくれるようになりました。

日々、弟と過ごす中で、娘は「弟＝家族」ということを理解できるようになってきたのでした。

弟を思い、自分から行動できるように

息子は成長につれて、段々とわんぱくになり、いたずらも多くなってきて、夫から叱られることも増えてきました。

気の強い性格の息子は、意地を張り、素直に謝ることができません。

そんな時、娘は状況に応じて、間に入って話をそらそうとしたり、叱られている弟をかばったりするようになりました。叱られて泣いている時は、「大丈夫よ」「泣かな

いで」と声をかけ続けました。この成長には、本当に驚かされました。

弟を思い、優しい行動ができるようになった娘。その姿を見て、娘のすごさを改めて感じました。

娘の弟へ向けられた優しさは、少し空回りなところもありますが、その思いは弟にも伝わっているようです。

おしゃべりが苦手な娘は、日常会話でもなかなか言葉が出てこず、会話でつまってしまうことがよくあります。そんな時、息子は姉の言葉を遮ることなく、話が終わるまでじっと待ってくれます。

大人の私でも、娘のおしゃべりがもどかしくて待てないことがあるので、ちゃんと待つことができている息子を見るたびに感心します。

姉のおしゃべりを見守ったり、姉が泣いている時は声をかけに行ったりもしてくれる息子ですが、一方で、姉の支度が遅かったり、姉が間違ったことをした時は、注意したり誘導してくれる時もあります。

この二人、見ていて、すごくバランスがいいなと感じます。

困っている時にはお互いに足りない部分を補い合って、協力して前に進もうとする二人の姿に、頼もしささえ覚えます。

親のフォローがなくても、うまいこと二人の関係性を築いていけるかも……と思ったりもします。

弟がやりすぎた時は私が娘を援護

三歳になる息子はどんどんおしゃべりが上手になり、娘が苦労した部分をぽーんと飛び越えて成長していくことがあります。

それを見た娘が「きーさん（弟）は、なんでおしゃべり上手なのかなー」と言うこともあります。娘からすると、自分よりもおしゃべりがうまい弟が、自分に迫ってきている感があるのかもしれません。

「ねぇねぇ（おねえちゃん）！」と息子に呼びかけられているのに、娘が反応できず、息子が「ねぇねぇって呼んでるのに！　なんでこっち向いてくれないの！」と厳しいことを言う場面もあります。

そんな時は、息子が娘を責めすぎないように、「呼ぶ時はさ〜、近くに寄ったり〜、とんとんってしたらわかりやすいよ」と援護はしています。

ただし、三歳児に娘の特性を理解させるのは難しいので、言い方が厳しすぎる時だけ口を出すようにしています。

娘とは真逆の激しい性格の弟……。

見ていて、弟がやりすぎるところもあるので、娘がやられすぎないように、親として間に入りながら注意して見守りたいと思っています（笑）。

息子に娘の障害のことを伝える日も遠くはないかも

二人の関係性を悪くしないように、私が気をつけていることは、息子が娘に対して上から目線にならないように、息子の前で娘を褒《ほ》めることです。

今のところ、私が娘を褒めると、息子は純粋に「ねぇねぇ（おねえちゃん）、すごーい！」と言っています。

しかし、娘ばかり褒めると息子もすねるので、息子のことも褒めるように気をつけています。お互いが相手を敬うようになればいいな、という思いをこめて二人を褒める日々です。

これをずっと継続していれば、もし息子が娘の障害に気づいても、改めて「でもさ、ねぇねぇはすごいんだぞ」と私が説明した時、すんなり理解してくれるかなと期待しています。

まだきちんと定めてはいませんが、最近の二人を見ていると、息子に娘の障害のことを伝える日も、そう遠くはない気がしています。


息子を妊娠した時は、「もう一人増えたら、娘の療育時間が減ってしまうのでは？」「寂しい思いをさせるのでは？」そんなふうに思ったりもしましたが、今では、弟との何気ないやりとりや、予測不能な動きをする弟との日々は、娘を大きく成長させてくれたと思っています。

二人の育児に振り回され、ぐったりな日々ですが、娘の弟を気にかける行動や、息子が姉に寄っていく様子を見ると、娘と息子を生んでよかった！　と心からそう思えます。

これからも姉弟で助け合いながら、毎日を積み重ねていってほしいと思います。

夫に本音インタビュー。理解者の存在は不可欠

夫に聞いてみた。発達障害育児、パパとしてのホンネって？

発達障害のある子にとって、親の理解と協力は不可欠です。

それは、子育てをするにあたり、親がその子の特性を理解し、療育にとりくむことが重要になってくるからです。

とは言え、実際、育児をしている母親のほうが負担が多いのが現実……。

普段仕事をしている父親は、子どもとかかわる時間も少なく、つい楽観視してしまうのかもしれません。

あるいは、子どもの特性や、母親の負担を理解するのが難しいのかも。うちの夫は、そこのところは完璧です（妻の私が言うのもなんですが）。

普段から、わりと協力しあって発達障害のある娘の子育てをしているわが家。

それでも面と向かって子育てのこと、娘のこと、父親としてどう思っているかを聞いたことがありませんでした。

どうして発達障害を理解できたのか、療育に協力的になったのか……。

そこで、思い切って「あの時どう

療育に関しては、常に表に立ち、方向性を決め、率先して動く役。
よし!! やるぞ!!
大丈夫？ 無理しないで…
療育には、全面協力してくれる。状況を見ながら、アドバイスをくれる。妻・子どもたちの、精神的フォロー役。

思ってた？」と質問してみたら、「そんなこと考えてたんだ！」な答えが返ってきました。

意外にも、夫は夫で考え、悩んでいたようです。冷静に見えた夫が、実は不安な気持ちでいたことにも初めて気づきました。

夫婦でも、聞いてみないとわからないこと、あるなあ……と再発見しました。

夫の、父親としてのホンネ、教えて～！

Q１．娘の発育遅れがわかった時、どう思った？

わが家で娘に発達障害があるかもしれないと最初に気づいたのは、実は、私ではなく夫でした。

娘が、自分が子どもの頃に接してきた親戚の子たちとは少し違う行動をしていたので、気になって行動パターンをネットで調べてみたら、障害のある子どもたちの行動と似ていたので、薄々「障害があるのではないか」と感じていたと言います。

だから母子相談で指摘を受けた時も、「やっぱり……」と思い、動揺はしなかったそうです。

娘の発育遅れに気づいた時、夫は私に相談せず黙っていました。

夫が違和感を感じたのは、娘が一歳の時。その時はまだ、検診でも母子相談でも指摘を受けたことがまったくなかったので、「医者による正式な診断結果が出るまでは、余計な事を言って落ち込ませたくない」という思いから、あえて言わなかったそうです。

長いつきあいの中で、落ち込みやすく、イタイところを指摘されるとキレて認めない私の性格を知っていた夫は、まだ話す時期ではないと判断したのだ

昔、親戚の子どもたちの
面倒よく見てたけど・・・
あの子たちと、全然違うな・・・
……。

と言います。

夫は、基本的にネガティブな感情は外に出しません。

娘の発達障害がわかってからもそれは変わらず、動揺したり、騒いだりするのはいつも私。夫はいつも冷静に見守ってくれていました。

しかし、見た目には冷静であっても、心の中にはいろいろな不安を抱え、自分の中に留めていた夫。

私の不安を煽《あお》らないように、という夫の気づかいのおかげで、当時の私は、夫が不安を抱えていることに、恥ずかしながら、まったく気がつきませんでした。

「知らない間に、この人はこの人なりに悩んでいたんだ……」と、私は気づけなかったことを少し申し訳なく感じました。

そして、娘の障害の可能性に悩みつつも、私のことを考えてくれていた夫の優しさを知り、素直にうれしく思いました。

後日談になりますが、私が娘のことで落ち込んでいた時、「このまま育児ノイローゼになってしまうのでは」と心配していたそうです。「なっていたらどうした？」と聞くと、「いや、俺が育児ノイローゼにさせないようにしなきゃと思った」と言っていました。

それを聞いて、私はあらためて、自分の夫がこの人でよかったと感じました。

Ｑ２．障害の診断がついた時、どう思った？

私は最初から、グレーゾーンでどっちつかずな状態が嫌だったので、「診断名がつくなら早くついてほしい」と思っていました。

それに対して夫は、最初「診断なんて別につかなくていい」と思っていたそうです。しかし、正式に病名がついてからは、発達障害について自分自身で調べることができ、娘の「できる」「できない」の理由もわかったので、診断がついてよかったと思ったと言います。

私も、診断名がついた時、これからのことに身が引き締まる思いで、「よかった」と感じました。

娘の障害がわかった時、夫は娘の将来に不安を抱いていたそうです。それは、この障害に対しての情報が少な過ぎたからでした。情報が少ない中だと、何をどうしていいのかもわからず、最初は手探りで情報を調べていたと言います。

世の中には、障害に対して情報があまり広まっておらず、ネガティブなイメージがかなりあります。情報が少ないと、腰が引けてしまう人もいるでしょうし、父親の中には、障害を理解したり、自分事として考えるのが難しい人もいるかもしれません。

ただ、夫の場合は、娘の未来を考え

早く動かないと！
腰が引けてる場合じゃない！
世間体
不安
娘の将来

ていくうち、そんな不安な感情は、ゼロとまではいきませんが、それに近いぐらいどうでもよくなったと言います。

それは、「どれだけ早く長く療育にとりくめるか」が重要だと思っていたから。夫は、〝障害を治す特効薬〟というものはなく、治療のためには時間をかけて、心（精神）と知識を育んでいかないといけない、と思っていたのだとか。だからこそ「腰が引けてる場合じゃない！」「早く動かないと！」という気持ちが強く出てきたと言います。

言語に遅れがあり、人とのコミュニケーションが苦手な娘が将来大人になった時、困らないように、娘が苦手としている部分を今のうちに少しでも克服できるよう、できる限りのことをしておこうと改めて思ったそうです。

以来、娘のことや療育のことで動く時は、ネガティブなことはあまり考えないようにしているとのことでした。

Q３．特別支援学級への進級についてどう思った？

娘は小学校入学時に通常学級に進学しましたが、二年生から特別支援学級に通うことになりました。

娘が学び成長する大切な場所。在籍の変更にあたっては、夫婦であれこれ悩み、学校と話し合い、いろいろと揉《も》めて大変でした。

私たちが幼い頃にも「特別支援学級」はあったのですが、あまりいいイメージではなく、「娘が、そこへ通う対象かもしれない」となった時、どういう場所なのか特別支援学級のことを夫婦でいろいろ調べたり、見学に行ったりもしました。

次第に知識が増え、特別支援学級の正しい現状を知ってからは、今まで抱いていたイメージががらりと変わり、いいところばかりが見えてくるようになりました。

夫は、娘が特別支援学級に進級したことで、メリットがたくさんあったと感じると言います。特別支援学級の先生の手助けのおかげで、書けなかった作文が書けるようになったり、一対一で対応してもらえることで、先生からの口頭の指示が聞きとれるようになったり、できることの幅も広がったので、今はとてもいい判断だったと思っているそうです。

夫は、学校とのやりとりについては、基本、私に任せていると言います。

学校側の娘への対応が、夫婦が望む対応と差があった場合にだけ意見するようにしているそうです。

私一人で解決できそうな場合は、私の相談に乗って助言するレベルに留め、私一人では対応が難しそうな内容の場合は、学校側に面談を開いてもらい、その場に参加するようにしているとのこと。

男性の夫が話をすると高圧的な印象になりがちなので、面談の時は、できるだけ私に会話をさせ、夫は補足的な役割を担い、学校側となるべく友好的な関係を保つようにしているとのことでした。

Ｑ４．育児で心がけていること

夫は、私の育児方法を尊重してくれていますが、客観的に見て、子どもたちが追い込まれていると感じた場合にだけ、子どもたち、もしくは私にフォローをかけるようにしてくれています。

子育てにおいて心がけていることは、子どもたちを叱る場合、絶対に二人で叱らないこと（これは私も同じです）と、夕方から夜は疲れていても子どもたちと優先的に遊ぶようにすること。

遊びについては主に、子どもたちを持ち上げて振り回すなどの力系の遊びを担当してくれています。そして、遊びながら子どもたちの行動を見るように意識していると言います。

また、娘が小さい頃は、仕事が忙しくて帰宅時間が遅くなっても、昼間、娘を一人で見ている私の話を、泣き言も感動も含めて、できるかぎり聞いてくれていました。今も、それは変わりません。

仕事をして夜遅くに帰ってくるお父さんもいるから、起きている子どもと過ごす時間が少なかったりすると、子どもと少し距離を感じてしまう人もいるのかもしれないと、夫は言います。

でも、夫の場合は、なるべく自分自身のことは後回しにして、子どもと遊ぶことを優先しているとのこと。

子どもたちが寝たあとは、ようやく自分の時間。

夜な夜なゲーム、アニメ鑑賞、映画鑑賞、漫画読本……など、子どもたちが寝たあと、自分の趣味にどっぷり浸《ひた》って、夫はストレス解消しているのだとか。自分自身は睡眠不足になりますが、実生活にさほど影響はないとのことでした。

わが家の療育に夫の存在は不可欠

改めて夫の回答を聞きながら、夫は療育に協力的なだけでなく、私よりはるかに進んだ考え方をしていることがわかりました。

毎日、朝から夜まで仕事をしながら、子どもたちと遊んでくれる。

私が娘のことで悩んだ時は、私の気が済むまで話を聞いてくれ、私が娘とぶつかった時は、仲裁に入ってくれる。

他人からの言葉に傷ついて落ち込んでいる私に、「他人の言うことは気にするな。おまえは療育をよくやってくれている。感謝している。おまえのやり方は間違っていない。俺は信頼している」と労《ねぎら》いや自信を持てる言葉をかけてくれる。

夫は夫で思うところがあっても、私たちのために明るく振舞ってくれる……。

娘の発育遅れが発覚してから、わが家が一度も暗くならなかったのは、いつも明るい夫のおかげだと思います。


わが家の療育に、夫の存在は不可欠です。夫が、わが子の障害を認め、寄り添ってくれるだけで、どんなに力になったことか……。

インタビューを通して夫の気持ちを初めて知り、夫を改めて見直したのでした。

私は、子どもの障害を受け入れ、妻に労いの言葉をかけてくれる夫のことをカッコイイと思います！

本書をきっかけに、子育てに協力的なパパが一人でも増えてくれたら、これほどうれしいことはありません。

読者の方の中には、悩みを一人で抱え込まれて、大変な思いをされている方もいらっしゃるかもしれません。

ブログ読者の方から、夫がわが子の障害を認めようとしてくれない、育児に協力してくれないといった悩みをいただくこともあります。

妻がどれだけ頑張っていても、夫の理解がないと苦しいものです。

見た目は悪いですが、子育て、療育に関しては協力的で、優秀です！
見た目いいよ！俺、かっこいいよ！

いきなり感情的に「理解して！」「協力して!!」だと、ハードルが高いので、「あなたがこの子を認めてくれるだけで、私はうれしい」とか、「この子がこうするのは、理由があるから。○○って言ってくれると、私はうれしい」といった具体的な例を挙げて、それだけで自分（妻）が救われることを伝えてみるといいかもしれません。

夫が子どもの障害を認めようとしなかったり、療育に協力しない……というのは、発達障害に対しての向き合い方がわからないのかもしれません。

発達障害は病気ではありません。

しかし、これが大きな病気と考えたら、誰だって病気について調べたり、よい治療をするために早く動くのではないでしょうか。

発達障害も同じで、症状や特性について知り、早く行動に移すことが、子どもの将来にいい影響を与えるように思います。

そんなふうに考えたら、向き合う姿勢も少し変わるかもしれません。

何より、夫婦間で考えをとことん話し合う……それが一番必要な気がしています。

これからも「好き」があふれる家族でありたい

娘が好きすぎて夫婦喧嘩！

私たち家族の間では、いつも「大好き」が飛び交っています。

好きだよ～！　かわいい～！！　大大大好き～！！！

その気持ちは収まらず、娘と息子が寝たあとも、夫と、「いや～うちの子……かわいいよね……」と話してしまいます。

娘が五歳の頃までは、娘のことが好きすぎて、毎日、親のほうから娘にちゅっちゅしていました。

たまに娘が「ちゅーして」なんて言おうものなら、二人して突撃！！

そんな私たちを笑いながら見ている娘からは、最終的に「じゅんばんよ！」と注意される始末……。誰よりも大人な五歳でした（笑）。

夫婦喧嘩も娘の乱入で仲直り

どの家庭でも夫婦のちょっとした言い合いは、よくあるものですよね。

わが家の場合、基本、夫がふざけるので、大きな喧嘩にはならず、半分は冗談みたいな言い合いで終わるのですが、娘は私たちが言い合いをしている

昨日、テレビつけっぱなしで寝てましたけど～……
ごめーん♡
二人は～♪ 愛してるぅ～♪
愛してるからぁ～♪ ラブラブなのよ～♪
わかった？
なに⁉ その歌！ おもしろ過ぎ～！
かわいい～！ 仲直りソング？
はい、二人でちゅーして！
絶対やだ…
なんでだよ！

のを見かけると、すかさず割り込んできます。仲裁に入り、いきなり私たち二人をとり持つ素敵なメロディーを歌い出す娘……。独特のセンスでいつも笑わせてくれます。ちょっとした夫婦の言い合いも、娘のおかげでなかなか喧嘩らしい喧嘩になりません。マイワールドが炸裂している、娘らしい方法です（笑）。

時には止めに入り、「ちょっと！　ストップ！　ママ、パパとけっこんしたんでしょ⁉」「パパ、ママとけっこんしたんでしょ⁉」「なかよくしなさい！」と、説得力のあるいい方で諭されることもあります。

そして二人が仲直りしたのを確認したら仲直りのちゅーも要求してきます。和ませようとしてくれているのでしょうが、さすがにそれは勘弁（笑）と思う、この頃です。

私たち夫婦も、子どもの前で本気の言い合いをすることが、もちろんありますし、すべての言い合いが、娘の乱入で、ほのぼのと終われるわけではありません。

しかし、本気で喧嘩している時は、わが家の子どもたちは不思議と、まったく割って入ってくることがありません。私たちが大喧嘩する中、平然とテレビを見ていたりしています。もしかしたら、何か感じとっているのかもしれません（笑）。

今までいろいろと悩みもありましたし、これから先も新たな問題に直面することもあると思います。でも、この家族と一緒だったから、今まで乗り越えることができました。きっと今後、何が起こったとしてもクリアしていけるでしょう。

夫婦、二人の子ども一丸となって、これからも「好き」があふれる家族でありたいと思っています。

●監修者コラム

父親の障害理解について

父親の「障害」に対する理解は母親と同じ？

SAKURAさんの旦那さんのような方は、パートナーとしてとても頼もしいですね。

ところで、発達障害児を持つ父親の「障害」に対する理解や受容のプロセスは、母親のそれとどのような違いがあるのでしょうか？

たとえば、いくつかの研究からは、父親は母親と比較して診断を否定的に捉えやすい傾向にあることや、社会的孤立を感じやすいことなどが指摘されています。

しかし、このことを「単に性差の違い」と考えてしまうのは早計かもしれません。

多くの父親は母親と比較して、同じ年齢の子どもやその保護者と出会う機会や、話をする機会も少ないと考えられます。

このことは父親に、「障害があるのではないか」という気づきの遅れをもたらし、心の準備ができていない中で告知を受ける場合もあるでしょう。

同じ境遇にある家族や支援者と出会う機会、ほかの人に子どもの障害について話す機会が少ない環境は、孤立感を生み出すかもしれません。

このようなことは父親に限らず、母親の場合でも同様でしょう。

「障害」に対する理解や受容の違いについて

は、単に性差やその人の特性という個人的要因に帰結させてしまいがちですが、その人が置かれている環境要因との関係の中でとらえていく必要があるでしょう。

上手に家事をこなせ、子どもの面倒見がよく、母親の話をいつもじっくり聞けて、やってほしいことを察することができ、まめに気配りもできる、そんな「スーパ育ｍｅｎ」は何人いるでしょうか。

父親支援は、子育てに関する自信のなさや苦手さに配慮し、個々のペースでかつスモールステップで始めることが大切です。

まずは、勇気を出して、夫婦で一緒に相談に行くよう誘ってみましょう。

それぞれの父親が子育てを楽しいと思えることと、その父子ならではの子育ての楽しみ方、役割を発見するお手伝いをさせていただくことが、支援機関の役割ではないかと思います。

監修者の言葉

生きることの価値を見出す共同作業としての子育て

この本を手にされている読者の中には、まだ小さなお子さんをお持ちの親御さんをはじめ、支援者の方もおられるでしょうか。私自身、障害のある人を支援する仕事を始めてから今日まで、自分としてできることは何だろうか、と未だに悩み続けています。

私もこの年齢になって、小さな頃から発達相談や療育でかかわっていたお子さんが、現在成人になられ、職場や家庭でそれぞれの悩みと喜びの中で生活しておられる様子を、ようやく見ることができるようになってきました。

「障害受容」という言葉を時々聞かれると思いますが、この言葉について読者の皆さんはどのような印象をお感じになるでしょうか。

この言葉については、さまざまな人が定義していますが、ここでは「障害と言われている状態の特性を理解し、現実を受け入れながら新たな価値を見出していくこと」として考えてみましょう。

子どもの今の状態を理解する情報としては、医学的な診断であったり、発達検査の結果であったり、さまざまな情報があると思います。これらの情報は、ほかの多くの子と比較してどれくらい苦手さがあるか、ということを示しているわけですが、「障害」という場合、この「違い」は長期に続くものになります。

「みんなと同じでなくてよい」と頭では理解できても、この「違い」は当初「障害」に直面する人にとって大きな不安な感情をもたらすと思います。これは、私たちが小さい頃から教えられてきた「みんなと同じことをする／しなければいけない」という価値観との葛藤と言えるかもしれません。「多様性」という言葉が全世界で叫ばれていますが、少数派の不安は尽きません。

ＳＡＫＵＲＡさんのあーさんに対する思いは、だれかと比較して子どもを評価するのではなく、あーさん自身のよさを見出していこうというものです。これは文章や漫画やイラストの随所に、ユーモアに包まれながらちりばめられており、読み手を温かい気持ちにさせてくれます。「理解し、受け入れながら、価値を見出す」ということは容易なことではないと思います。実際の子育てはそんな哲学的なものではなく、時として子どもとのかかわり方に失敗したり、後悔したり、反省したりの連続ではないでしょうか。でも最後は、そこにかけがえのないわが子がいるのです。

私は「受容」とは「理解し、受け入れながら、価値を見出し続けていく」という、それぞれの人や家族にとって共通のゴールポストを置かない道のりそのもののように思います。そしてこれは障害だけでなく、「自分自身を知り、特性を知り、苦手な部分を受け入れながら価値を見出し続けていく」という、すべての人にあてはまる課題のような気がしています。

ＳＡＫＵＲＡさんのありのままの子育て体験から生まれた本書は、あーさんとご家族にとって、そして読者にとって、幸せの価値を探し求める探検の書とも言えるのではないでしょうか。

井上雅彦

おわりに

わが子がほかの子と違う……そうわかった時は、本当にショックでした。

みんなと同じように話せない、理解できない。

周りの子が「1」やって、できることが、娘は「10」やらないとできない状況に、虚しさを感じた日もありました。

ほかの子より遅れていることが恥ずかしく、なんでできないのだろうと、嘆いたこともありました。

しかし娘は、ほかの子よりたくさん頑張らないといけない状況でも、着実に一歩ずつ歩んできてくれました。

そんな、頑張る娘を見ていると、「これがこの子なんだ、恥じる必要はない！」と心から思えるようになりました。

発達障害は、一人ひとり違う「個性」。

この本のタイトル通り、娘は「個性の塊」なのです。


私たちの役目は、娘のよさを残しつつ、苦手なことはフォローしながら、将来一人で生きていけるようにすることだと、思っています。

「今すぐ、できなくてもいい。大人になるまでに、できるように」

そう考えると、娘の苦手に穏やかに向き合うことができ、同時に、親である私たちが、早い段階で療育にとりかかり、今できることはすべてやろうという気持ちにつながっています。

その気持ちがあるからこそ、娘の困りごとに一つひとつ向き合えているのだと思います。


小学4年生になった今も、娘には常にいろんな壁が、定期的に立ちはだかります。

私たち夫婦は、そのたびに、どうしたら娘がスムーズにできるかを、話し合っています。

以前までは壁にぶつかるたび、解決策にたどり着くまで、頭を悩ませていましたが、当時娘を診てくださっていた、発達外来の主治医から、こんなことを言われました。

「解決策を見つけることが正解……ではなく、『娘さんのために夫婦で話し合って考える』、そこまでで、もう正解です」

娘の苦手を私たちが理解し、一緒に考えることで十分とわかった途端、壁や困りごとに対して、私の心はラクになりました。

娘はずっと、その困った状態が続くわけではありません。

成長に伴って、乗り越えてもきましたし、成長がゆえ、新たな困りごとも発生しています。

頭を抱えてしまうことも時にはありますが、それでも変わらないのは、「私たちのところに生まれて来てくれた、大切なわが子のために、できることはすべてやる！」という気持ちです。

これからも私たちは、娘の「個性」に向き合い続けたいと思います。

最後に、この本に携わってくださった関係者の皆さま、いつも娘に丁寧に向き合ってくださる学校の先生、放課後等デイサービスの先生、そしていつも、私のこと、娘のことを、応援してくださる読者の皆さまに、心から感謝致します。

SAKURA

[著者] **SAKURA**（さくら）

1983年生まれ。沖縄県在住の主婦。夫と、娘、息子の4人家族。

「LITALICO発達ナビ」「Womanエキサイト」「すくパラNEWS」でコラムを掲載。発達ナビのコラムは毎回、公開10日で2万PV以上を達成するほど大人気。Womanエキサイトでは、「2019年もっとも読まれた子育てコミックエッセイ」8月MVP受賞。ライブドアブログでは、「ライブドアブログ OF THE YEAR 2017 新人賞」「ライブドアブログ OF THE YEAR 2018 戌年賞」を受賞。沖縄の地方紙「沖縄タイムス」の副読紙「週刊ほ〜むぷらざ」で連載中。本書が初の著書となる。

ライブドアブログ「うちの子、個性の塊です」http://koseinokatamari.blog.jp/

[監修] **井上雅彦**（いのうえ・まさひこ）

鳥取大学大学院医学系研究科臨床心理学講座教授。

同大学医学系研究科附属臨床心理相談センターにおいて、発達障害を中心とした多くの相談を受けながら、自閉症に関する臨床と研究にとりくんできている。専門は応用行動分析学、臨床心理学。公認心理師・臨床心理士・専門行動療法士・自閉症スペクトラム支援士エキスパートなどの資格を持つ。

著作に、『発達障害の子を育てる家族への支援』（共著、金子書房、2007）、『家庭で無理なく楽しくできる生活・学習課題46』（学研、2008）、『家庭で無理なく楽しくできるコミュニケーション課題30』（共著、学研、2010）、『発達が気になる幼児の親面接：支援者のためのガイドブック』（共著、金子書房、2019）、『発達障害&グレーゾーンの小学生の育て方』（監修、すばる舎、2020）など多数。

装幀・本文デザイン　studio TRAMICHE（スタジオトラミーケ）・納富 進
イラスト　SAKURA

うちの子、個性の塊です

2020年7月26日 第1刷発行

著者　SAKURA
監修　井上 雅彦
発行者　徳留 慶太郎
発行所　株式会社すばる舎
〒170-0013　東京都豊島区東池袋3-9-7
東池袋織本ビル
TEL　03-3981-8651（代表）
03-3981-0767（営業部直通）
FAX　03-3981-8638
URL　http://www.subarusya.jp/
振替　00140-7-116563
印刷　株式会社 光邦

落丁・乱丁本はお取り替えいたします

ISBN978-4-7991-0916-8